Bhat Mohd Iqbal
Devi Sabitri Sharma

Informatização das bibliotecas de colégios e universidades

Bhat Mohd Iqbal
Devi Sabitri Sharma

Informatização das bibliotecas de colégios e universidades

ScienciaScripts

Imprint

Any brand names and product names mentioned in this book are subject to trademark, brand or patent protection and are trademarks or registered trademarks of their respective holders. The use of brand names, product names, common names, trade names, product descriptions etc. even without a particular marking in this work is in no way to be construed to mean that such names may be regarded as unrestricted in respect of trademark and brand protection legislation and could thus be used by anyone.

Cover image: www.ingimage.com

This book is a translation from the original published under ISBN 978-3-330-33048-1.

Publisher:
Sciencia Scripts
is a trademark of
Dodo Books Indian Ocean Ltd. and OmniScriptum S.R.L publishing group

120 High Road, East Finchley, London, N2 9ED, United Kingdom
Str. Armeneasca 28/1, office 1, Chisinau MD-2012, Republic of Moldova, Europe
Printed at: see last page
ISBN: 978-620-7-88437-7

Capítulo 1

1. Contexto

A biblioteca é uma instituição indispensável numa sociedade educada e civilizada. O crescimento, a utilização e o valor crescentes da informação deram origem ao conceito de sociedade da informação ou sociedade centrada na informação: "As bibliotecas não criam a civilização, mas uma civilização não pode existir sem elas". **(Hutchings, 1969). Por** outras palavras, as bibliotecas são vistas como templos de aprendizagem, onde os utilizadores podem encontrar informação relevante em colecções e serviços para satisfazer a sua sede de conhecimento. Hoje, porém, a biblioteca é definida como uma organização que determina a seleção, recolha, gestão, processamento e partilha de informação no momento certo e para a pessoa certa. Atualmente, as bibliotecas são vistas como locais onde a informação é acessível através de fontes como catálogos electrónicos, revistas de texto integral e acesso à Internet.

Na primeira metade do terceiro milénio a.C., foram encontradas na famosa cidade babilónica de Nipur uma série de salas repletas de tabuletas de argila, o que sugere que os arquivos estavam bem abastecidos e serviam de biblioteca. Na Grécia, a terra dos eruditos, havia bibliotecas que utilizavam materiais perecíveis como o papiro e o pergaminho. Roma e os seus governantes, por outro lado, eram fascinados por colecionar livros em prateleiras. A invenção da imprensa representou uma verdadeira revolução na produção, distribuição e utilização de documentos. Os mosteiros do mundo ocidental consideravam os livros como uma base essencial para a vida espiritual. [th]Após o século XI, com a criação das universidades, a coleção de informação continuou a crescer **(Nova Enciclopédia, 1998).**

Embora as bibliotecas tenham evoluído consideravelmente ao longo da história, continuam a ser responsáveis pela aquisição ou disponibilização de livros, periódicos e outros suportes que satisfazem as necessidades educativas, de lazer e de informação dos seus utilizadores. Continuam a preservar os arquivos comerciais, jurídicos, históricos e religiosos de uma civilização. Na altura, a tendência era para a constituição de colecções. Mas na era da especialização

A eficiência e a eficácia das bibliotecas são medidas pelos serviços que prestam e não pelo seu stock físico.

Diz-se que nos últimos 30 anos se produziu mais informação nova do que nos 5.000 anos anteriores. Todos os dias, são publicados mais de 1000 livros em todo o mundo e o volume de todo o conhecimento impresso duplica de cinco em cinco anos (**Reuters Magazine, 1997**). Além disso, a enorme quantidade de informação é publicada em vários formatos electrónicos e, surpreendentemente, a Internet provocou uma revolução na publicação de informação. "Em junho de 2002, o motor de busca Google registou mais de dois milhões de sítios Web. Estima-se que 25 novos sítios entram em linha a cada segundo" (**www.google.com**).

Este fluxo avassalador de informação tornou difícil o controlo e a divulgação do material da biblioteca. Para evitar que a informação se torne obsoleta, o pessoal da biblioteca deve utilizar tecnologias avançadas para satisfazer as necessidades de informação dos utilizadores. A inovação do próprio computador conduziu a mudanças radicais em quase todos os domínios. No passado, o bibliotecário era posto de lado na biblioteca porque as suas necessidades de serviços bibliotecários eram subestimadas; atualmente, continua a ser substituído, mas a história por detrás disso é diferente. O computador criado pelo homem é a principal razão para a sua expulsão da biblioteca. Seria mais correto dizer que o bibliotecário e os serviços da biblioteca são agora assistidos por hardware e software informático. A automatização das bibliotecas tornou-se um tema quente, com vantagens e desvantagens para os bibliotecários de todo o mundo.

Devido à sua eficiência, desempenho e capacidade de processar grandes quantidades de documentos, o computador está a tornar-se cada vez mais popular no domínio da biblioteca e da informação. Muitas tarefas de biblioteca e de informação são atualmente realizadas por computadores. Os computadores revelaram-se bem sucedidos nas áreas da aquisição de bibliotecas, catalogação, classificação, empréstimo, controlo de periódicos e armazenamento e recuperação de informação. Muitos serviços novos, como o SDI e o serviço de conteúdos actuais, foram também introduzidos com a ajuda do computador.

A utilização das tecnologias da informação e das técnicas conexas permite fornecer ao leitor certo a informação certa, no momento certo, na forma certa e do modo certo. A automatização das actividades das bibliotecas torna possível a prestação de serviços de forma muito eficiente, rápida, eficaz, adequada e económica. As bibliotecas e centros de informação modernos facilitam a livre comunicação, uma vez que o acesso à informação se tornou um direito fundamental para os clientes.

A automatização é economicamente viável e tecnologicamente necessária nas bibliotecas modernas para responder às exigências dos novos conhecimentos, ao enorme aumento da coleção de material e aos problemas de aquisição, armazenamento, processamento, disseminação e transmissão de informação **(Bhardwaj & Shukla, 2000)**. As possibilidades oferecidas pelos meios periféricos informatizados e a sua aplicação às actividades e serviços das bibliotecas conduziram a uma melhoria quantitativa e qualitativa significativa, particularmente na área da tecnologia em linha. A automatização das bibliotecas tem múltiplos aspectos que podem ser discutidos, mas este estudo limita-se à situação do software de biblioteca utilizado nas bibliotecas de colégios e universidades do Nepal.

A história da automatização das bibliotecas não é longa. Remonta às décadas de 1950 e 1960 na América e na Europa **(Malik)**. No Nepal, a automatização das bibliotecas foi introduzida em algumas bibliotecas públicas e de missão na década de 1980, mas algumas bibliotecas académicas e outras só se familiarizaram com a gestão informática na década de 1990 ou mais tarde.

A história da automatização das bibliotecas no Nepal pode ser rastreada até à introdução do CDS/ISIS. A maioria das bibliotecas científicas utiliza o CDS/ISIS e o WINISIS. Atualmente, também se utiliza algum software de gestão de bases de dados baseado no ISIS. O software de biblioteca universitária (SOUL) foi introduzido para a automatização de bibliotecas na Universidade de Katmandu e a Biblioteca Central da Universidade de Tribhuvan (TUCL) tem atualmente instalado o LibInfo. Nos últimos dias, estão também a ser desenvolvidos no Nepal novos pacotes de software de automatização, como o LMS, o MIDAS, o LibInfo, etc.

Um software de biblioteca fiável é altamente recomendado para uma biblioteca moderna, seja ela nepalesa ou africana. Nenhuma parte do mundo está imune à influência avassaladora do triunfo da tecnologia na era pós-estruturalista e pós-industrial **(Airy, 2000)**.

Centenas de pacotes de software para bibliotecas foram desenvolvidos e utilizados com sucesso em países avançados, e existem muitos directórios e outras ferramentas para ajudar os bibliotecários a escolher o software adequado para as suas bibliotecas. Mas a situação no Nepal não é satisfatória. Foram efectuadas muito poucas experiências neste país e a utilização de pacotes de software de automatização de bibliotecas em bibliotecas científicas só recentemente se tornou possível.

Para satisfazer plenamente os utilizadores e realizar as actividades e funções da biblioteca, as bibliotecas precisam de selecionar software competente e adequado que satisfaça as suas necessidades ou que possa ser desenvolvido por uma empresa de software contratada ou por profissionais internos, tendo em conta as necessidades da biblioteca **(Bhardwaj & Shukla, 2000)**. Um número crescente de empresas de software para bibliotecas e a sua publicidade atractiva confundem as bibliotecas quanto ao software que melhor responde às suas necessidades.

A escolha do software é uma questão muito complicada. De acordo com os peritos, o comité de seleção deve realizar um debate e adquirir o software mais adequado em termos de flexibilidade, capacidade, escalabilidade, segurança, economia, módulos fáceis de utilizar e tecnologia de ponta. Por conseguinte, há uma necessidade urgente de avaliar os pacotes de software adequados nas bibliotecas académicas e outras em termos de usabilidade, eficiência e relação custo-eficácia. O estudo fornecerá aos bibliotecários nepaleses orientações para selecionar ou desenvolver pacotes de software adequados.

De um modo geral, as bibliotecas não podem suportar os custos da automatização das bibliotecas. Os bibliotecários recebem pouca formação em automatização de bibliotecas, porque as escolas e faculdades de biblioteconomia não preparam os seus estudantes para este desafio. Atualmente, algumas instituições de ensino superior incluíram a ciência das bibliotecas nos seus currículos, mas não há oportunidade de adquirir conhecimentos práticos de informatização.

Devido à sua falta de conhecimentos de TI, os bibliotecários nepaleses estão relutantes em automatizar as suas bibliotecas e, quando têm de o fazer, não podem participar ativamente no processo de automatização. Não estão conscientes dos requisitos para a automatização das bibliotecas, como a análise do sistema, o aconselhamento, a formação do pessoal e a manutenção do equipamento. Para ultrapassar este problema, deve ser oferecida formação básica em TI e programas de formação centrados nas bibliotecas. As pessoas mais importantes para o sucesso das TI nas bibliotecas são os bibliotecários. Eles conhecem muito bem o seu trabalho e devem estar na melhor posição para decidir quais as funções que devem ser informatizadas e quais as que não devem. É importante ter consciência de que os bibliotecários não poderão utilizar o equipamento informático enquanto não tiverem os conhecimentos necessários para o utilizar. Por conseguinte, antes de fornecer o equipamento, é necessário adotar medidas de formação para o desenvolvimento profissional dos bibliotecários.

Outro problema é a crescente pirataria de software no nosso país. O software desenvolvido no estrangeiro não está adaptado às nossas bibliotecas. As bibliotecas que foram automatizadas no nosso país trabalharam individualmente, sem beneficiar da experiência de outros.

Algumas organizações e associações que oferecem formação e assistência no domínio da automatização de bibliotecas podem também ajudá-lo a escolher o software, o hardware e a instalar o software.

1.2. Desenvolvimento histórico das bibliotecas no Nepal

A história das bibliotecas no Nepal remonta a 1500 anos *(Amatya, 2005). Nos* viharas (mosteiros), os académicos e os estudantes escreviam os seus escritos budistas e científicos, faixas, tapeçarias e pergaminhos pintados. Estes ainda estão abertos ao público durante o mês de Sravan. Já antes desta época, existiam viharas no Nepal onde se guardavam manuscritos e onde as pessoas os podiam consultar e estudar. Em Katmandu, existe um manuscrito muito antigo, escrito a ouro - um livro muito grosso que contém um lakh de versos em quatro volumes. Os Guthis ou administradores eram responsáveis pela utilização e conservação dos manuscritos. Foi assim que surgiu o sistema de bibliotecas Vihara no antigo Nepal. Existe outro método de preservação e utilização de manuscritos antigos, nomeadamente a narração sazonal de swosthani (história de Shiva) no mês de Magh e de jatakabandhan e swayambhu puran (histórias históricas do Nepal), etc., no mês de Shravan.

O serviço de biblioteca no seu sentido moderno é um desenvolvimento recente no Nepal **(Amatya, 2003)**. Naquelas décadas, o Museu Britânico era muito ativo e prestava muitos serviços no Ocidente. Os bibliotecários nepaleses, como Pandit Kedar Nath, Khadga Ram Joshi e Megh Nath Rimal, dedicaram-se à cópia e preservação de manuscritos durante essas décadas, enquanto o mundo ocidental acelerava a difusão de livros e documentos impressos. Foi só depois de 1900 que o Nepal adquiriu uma biblioteca moderna, baptizada Bir Shamser em honra do Primeiro-Ministro e conhecida como Biblioteca Bir. O desenvolvimento do sistema educativo e a criação de escolas e colégios incentivaram o desenvolvimento de bibliotecas no Nepal. Em 1946, as bibliotecas públicas locais foram abertas ao público pela primeira vez.

Depois, há cerca de seiscentos anos, foram criadas as bibliotecas do Rei Malla **(Amatya, 2005)**. A famosa Bir Library, a biblioteca de manuscritos que se encontra atualmente por baixo da torre do relógio em Katmandu, provém desta coleção.

Durante o período Rana, durante um século, alguns nobres ou o rei tinham uma paixão por colecionar livros que a sua biblioteca privada nos palácios transferiu mais tarde para o governo e para algumas bibliotecas de prestígio do país.

A Embaixada Britânica começou a utilizar os serviços do British Council Nepal em 1960. As tecnologias e os serviços foram introduzidos pela biblioteca no Nepal. Posteriormente, outras embaixadas no Nepal começaram a oferecer esses serviços de biblioteca. Entre elas, a Biblioteca Indiana e a

O Centro Americano é muito conhecido. Partilham cultura e conhecimentos através da biblioteca. A Biblioteca Central da Universidade de Tribhuvan (TUCL) foi fundada juntamente com a universidade em 1959 como a primeira biblioteca académica do Nepal, onde também foi criado o Departamento de Bibliotecas e Ciências da Informação (DLIS).

2. Objetivo geral

Identificar diferentes softwares de automatização de bibliotecas utilizados em bibliotecas científicas no Nepal para a gestão de bibliotecas.

2.2. Objectivos específicos

- Descubra as principais características dos diferentes programas informáticos utilizados nestas bibliotecas.

- Estudo comparativo de diferentes pacotes de software de gestão de bibliotecas.

- Transmissão de uma ideia de base para a escolha de um pacote de software adequado para a automatização de bibliotecas

3. Questões de investigação

A fim de desenvolver estratégias eficazes para melhorar o estatuto das bibliotecas académicas, são colocados diferentes tipos de questões gerais e específicas, como se segue:

3.2. Questões de investigação [geral]

1. Porque é que a automatização das bibliotecas não foi introduzida nas bibliotecas das universidades e faculdades do Nepal?
2. Porque é que o software de fonte aberta/freeware é tão popular no Nepal?

3.3. Questões específicas de investigação

1. Quais são os parâmetros gerais a ter em conta na avaliação de software de biblioteca?
2. Quais são os obstáculos à automatização das bibliotecas nas instituições académicas?
3. Quais são as diferenças entre software comercial e software de código aberto?
4. As instituições académicas podem comprar software comercial?
5. O software comercial oferece um sistema que suporta alterações técnicas e modificações dos requisitos?

4. Importância do estudo

Com o desenvolvimento de pacotes de software de automatização de bibliotecas, o acesso e a consulta de informação tornaram-se mais cómodos e eficientes. Existem centenas de diferentes pacotes de software de automatização de bibliotecas para sistemas de bibliotecas, desenvolvidos por diferentes fornecedores. Para os profissionais das bibliotecas e da informação, é vital familiarizarem-se com as características e funções destes pacotes de software. Esta é uma necessidade urgente neste momento, uma vez que existe uma forte procura por parte dos bibliotecários para desenvolver bases de dados de bibliotecas, que é o primeiro passo nos projectos de automatização. Por conseguinte, proporcionar uma melhor compreensão dos pacotes de software de automatização de bibliotecas ajudará na seleção ou desenvolvimento de software adequado no futuro. As directrizes para a avaliação dos pacotes de software de automatização de bibliotecas desempenham um papel importante. Por conseguinte, os estudos e as orientações sobre a avaliação dos pacotes de software de automatização de bibliotecas permitirão, sem dúvida, que os bibliotecários tomem a melhor decisão ao conceberem, adquirirem e gerirem pacotes integrados de software de automatização de bibliotecas para proporcionar aos seus utilizadores o acesso em linha aos recursos da biblioteca.

Na ausência de um software de biblioteca único no Nepal, a cooperação interbibliotecas, uma das realizações notáveis da automatização, está a desaparecer com o tempo.

5. Âmbito do estudo

Este estudo centra-se em pacotes de software de automatização de bibliotecas utilizados em bibliotecas de colégios e universidades no Vale de Katmandu, no Nepal. Identifica todas as funções e requisitos possíveis de uma biblioteca informatizada. Não tem como objetivo fornecer um conhecimento detalhado dos pacotes de software. A maioria das bibliotecas começou a criar bases de dados para as suas colecções utilizando pacotes CDS/ISIS, mas isto não é suficiente para automatizar a biblioteca, e poucas bibliotecas utilizam pacotes proprietários/comerciais. O estudo examinou e testou todos os pacotes de software de biblioteca modular integrada que são atualmente utilizados nas bibliotecas Neplease e que poderão ser utilizados no futuro para a gestão das bibliotecas. O estudo centra-se exclusivamente nas bibliotecas de universidades e colégios do Vale de Katmandu, onde a automatização das bibliotecas está a ser utilizada. O Nepal tem seis universidades e uma universidade reconhecida, distribuídas da seguinte forma:

1. Universidade de Tribhuvan
2. Universidade de Katmandu
3. Universidade de Purbanchal
4. Universidade de Pokhara

5. Universidade Sânscrita Mahendra

6. Universidade de Sidhartha e

7. Instituto de Ciências da Saúde B.P.Koirala (BPKIHS) - Universidade reconhecida.

O objetivo deste estudo é examinar todas as bibliotecas académicas do Nepal e o software de automatização de bibliotecas que utilizaram para organizar a sua informação. No entanto, o estudo deve também incluir algumas outras bibliotecas académicas, uma vez que muito poucas bibliotecas académicas estão automatizadas.

Verificou-se que os seguintes pacotes de software estão a ser utilizados em instituições académicas no Nepal.

- Versões DOS e Windows do CDS/ISIS
- Software para a biblioteca universitária (SOUL)

- Alice para Windows (AFW)
- MIDAS LMS
- LibInfo
- Sistema de gestão de bibliotecas (LMS)
- Diretor da biblioteca
- PhpMyLibrary

6. Limitações do estudo

A primeira e principal limitação deste estudo é a falta de informação sobre este assunto na perspetiva nepalesa. Ninguém realizou um inquérito sobre este tema, a fim de criar uma fonte autêntica de informação para uma investigação mais aprofundada.

- As bibliotecas que ainda não iniciaram a automatização não estão incluídas neste estudo.
- Foram incluídas as bibliotecas de colégios e universidades.

7. Metodologia

Este estudo é um inquérito realizado com recurso a um questionário bem concebido e à observação. Foram recolhidos dados primários e secundários. A investigação qualitativa e quantitativa foi utilizada como modelo de investigação para este estudo.

8. Organização do estudo

O estudo foi descrito da seguinte forma:
O primeiro capítulo aborda o contexto do estudo, o seu objetivo, as questões de investigação, a importância, o âmbito e as limitações do estudo, bem como a metodologia.

O segundo capítulo contém uma panorâmica da literatura publicada na Suíça e no estrangeiro sobre o desenvolvimento de software para bibliotecas, a sua avaliação e a automatização das bibliotecas.

A metodologia de investigação, a conceção da investigação, a população, o processo de amostragem, o processo de recolha de dados e o processo de análise de dados são discutidos no terceiro capítulo.

O quarto capítulo é essencialmente dedicado à compreensão do tema, no qual o estudo é apresentado em pormenor. É também referido como o ponto fulcral do estudo.

O quinto capítulo apresenta as instituições académicas incluídas no estudo e as suas bibliotecas.

O capítulo seis apresenta as características dos pacotes de software de gestão de bibliotecas utilizados nas bibliotecas científicas nepalesas.

O sétimo capítulo apresenta os critérios de seleção do software de automatização de bibliotecas.

O oitavo capítulo contém as opiniões e comentários de profissionais e peritos no domínio das bibliotecas e da informação. Estas opiniões e comentários foram recolhidos através de questionários e inquéritos. Os dados são avaliados neste capítulo sob o título "Análise e apresentação". O objetivo fixado é avaliado neste capítulo.

O nono capítulo contém o resumo, os resultados e as recomendações.

Capítulo 2

2. Revisão da literatura

Para compreender melhor o assunto, é importante e útil ter uma visão geral da literatura e dos estudos relevantes sobre o assunto. Uma revisão da literatura relevante fornece a base para hipóteses e resultados. O objetivo deste capítulo é comparar os resultados deste inquérito e estudo com os de outros anteriores.

As tecnologias da informação mudaram os serviços de biblioteca dos serviços tradicionais, como catálogos de cartões, livros e periódicos impressos, guias bibliográficos e informações pessoais, para novos serviços e modos de fornecimento que incluem colecções electrónicas, como livros electrónicos, revistas electrónicas e bases de dados, serviços de informação virtuais e outros serviços em linha. A tendência nas bibliotecas electrónicas modernas é a inovação de novos serviços típicos do ambiente em linha/web **(Moyo, 2004).**

Embora tenham sido publicados muitos livros que fornecem informações sobre os nomes, a disponibilidade de funcionalidades, os custos, etc., dos pacotes de software para bibliotecas, estes pouco contribuem para ajudar os bibliotecários ou os gestores de informação a fazerem a sua escolha, uma vez que não fornecem uma visão global dos pacotes de software. A fim de preencher a lacuna na literatura nesta área, tentámos rever livros, artigos de revistas e outras publicações sobre automatização de bibliotecas que tratam de aspectos gerais da automatização de bibliotecas a nível internacional. A maioria dos artigos é escrita principalmente a partir de uma perspetiva indiana. Por exemplo, em *"Progress of Management software: an Indian scenario",* **Mukhopadhyay (2005)** discute o desenvolvimento do software de gestão de bibliotecas ao longo das últimas décadas. Destaca as características e tendências no desenvolvimento de software de automatização de bibliotecas e centra-se nos pacotes de software disponíveis na Índia.

O *"Granthalaya: Um pacote de automatização de bibliotecas"* do INSDOC descreve o processo de instalação, as principais funções, os detalhes dos módulos, os requisitos de hardware/software e a estrutura de directórios. O software Granthalaya é versátil e pode ser utilizado em qualquer tipo de biblioteca.

"O estudo comparativo do software disponível no mercado indiano para a automatização de bibliotecas, realizado por **Patel e Bhargava** (1995), destaca o atual cenário indiano da automatização de bibliotecas. O autor apresenta uma breve panorâmica de alguns softwares existentes, como Archives, CDS/ISIS, DLMS, Golden Libra, LIBSYS, etc. Discute as funções de recuperação de texto e de gestão de bibliotecas, as vantagens e desvantagens, o seu impacto no ambiente da biblioteca, os modelos e os sub-módulos.

2.1 Automatização de bibliotecas

Tradicionalmente, a automatização das bibliotecas refere-se à informatização de todas as operações das bibliotecas, como a aquisição, a catalogação, o empréstimo e o controlo de publicações periódicas. Atualmente, também se refere ao processamento mais eficiente e mais rápido de grandes quantidades de dados e informações utilizando computadores e outras tecnologias de informação modernas. De acordo com **Bhardwaj e Sukla (2000)**, a automatização das bibliotecas é um termo genérico para as várias actividades que melhoram a qualidade dos produtos e serviços das bibliotecas e dos centros de informação. Aumenta a velocidade, a produtividade, a adequação e a eficiência do pessoal da biblioteca e poupa mão de obra ao evitar certas tarefas rotineiras, repetitivas e burocráticas, como o arquivo, a classificação, a dactilografia, a verificação de cópias, etc.

Library Automation an Overview, de **Rashid *(1996), apresenta uma*** panorâmica dos desenvolvimentos importantes em matéria de automatização de bibliotecas, dimensão, sistema de gestão de bibliotecas, sistema de recuperação de informação, OPAC, CD-ROM e ligação em rede. Acrescenta ainda que os bibliotecários e os fornecedores estão a trabalhar em conjunto para melhorar os serviços e sistemas e para desenvolver novos produtos em resposta às necessidades dos utilizadores.

Vaishnav e Bapal (1995) analisam o programa de automatização da biblioteca da BAMUL Aurangabad no seu artigo *Library Automation: A Machability Study.* Destaca os problemas do sistema existente e apresenta as razões para a automatização. O estudo salienta a necessidade de automatização das bibliotecas e examina em pormenor os aspectos técnicos, sociais e económicos da automatização das bibliotecas.

A literatura sobre a automatização das bibliotecas tornou-se muito variada. Enquanto no passado se centrava principalmente nos trabalhos de casa tradicionais, alargou-se agora para incluir sistemas de gestão de bibliotecas, OPACs, CD-ROMs, redes, edição eletrónica, automatização de escritórios, etc. Há hipermédia, multimédia, realidade virtual, etc. **(Rashid, 1996).**

No seu artigo *A Practical approach to library automation,* **Bhardwaj e Shukla (2000)** discutem os objectivos e a necessidade de alterar as ferramentas e técnicas de biblioteca num ambiente em mudança, com os conceitos de automatização das actividades, domínios e serviços de biblioteca, como a aquisição, a gestão de bases de dados, a classificação e catalogação, a circulação, o controlo de publicações em série, a recuperação de informação, as redes de comunicação e os serviços de documentação, etc., bem como a necessidade de automatização das bibliotecas.

O conceito de bibliotecas automatizadas e multimédia é discutido por **Singh *(1998)*** *no* seu artigo *"Compatibility of library automation software package with multimedia".* [st]Este autor considera que um pacote de software de automatização de bibliotecas compatível com multimédia deve ser a primeira escolha das bibliotecas e centros de informação que pensam no processamento da informação no século XXI. Na sua opinião, a automatização das bibliotecas envolve a informatização completa das actividades das bibliotecas, desde as aquisições aos serviços de informação, gestão e circulação. A tecnologia das bibliotecas vai desde as máquinas Xerox e os leitores de códigos de barras até aos portões de segurança electrónicos. Embora o software suporte algumas destas tecnologias, é compatível com multimédia.

Sinha e Satpathy *(2004) traçam* brevemente a história da automatização das bibliotecas em *"Library Automation and Networking for Managing Library and Information Services".* Traça a rede e a utilização da tecnologia da informação nos serviços de biblioteca no cenário indiano. O artigo apresenta uma panorâmica geral do que é a automatização de bibliotecas e por que razão é necessária, bem como as áreas da automatização de bibliotecas e da ligação em rede. Conclui que o êxito da automatização das bibliotecas e da ligação em rede depende, acima de tudo, de um planeamento adequado e das decisões que as autoridades tomam periodicamente.

2.2 Seleção e avaliação de software

O mercado de pacotes de software para automatização de bibliotecas é volátil e está em rápida expansão, e inclui uma variedade crescente de produtos para microcomputadores. O software de automatização de bibliotecas deve ser escolhido antes da seleção e aquisição do hardware. **De facto,** cada bibliotecário e responsável pela informação deve ter em mente os requisitos da automatização de bibliotecas e a adequação do software às suas necessidades. Devem então escolher software que satisfaça as suas necessidades e que seja também compatível com as futuras tecnologias e multimédia. Neste contexto, **Rowley** *(1993)* propôs uma estratégia para a seleção e avaliação de software de automatização de bibliotecas. Sugeriu que os critérios incluíssem factores como o custo, o historial, o fabricante, o fornecedor, os serviços, as características, o apoio, a manutenção, as considerações e capacidades técnicas, a facilidade de utilização e a integração da interface.

No seu artigo *"Criteria for selecting library automation software",* **Malwad (1995)** examinou os pacotes de software disponíveis no mercado para uma vasta gama de aplicações, incluindo a gestão de bibliotecas e o armazenamento e recuperação de informação. Estes variam em termos de capacidade, preço e versão. A escolha do pacote de software correto é um fator importante para um sistema de automatização de bibliotecas. A escolha baseia-se nas necessidades específicas da instituição, no seu ambiente, no seu orçamento e nos objectivos do utilizador.

Os "Critérios de avaliação de pacotes de software para bibliotecas" do **LISWiKi definem** o procedimento, as características e os instrumentos de avaliação de pacotes de software. Na sua opinião, uma avaliação é fundamentalmente um juízo de valor. Acrescenta que a capacidade de avaliar

o retorno do nosso investimento dá-nos uma base para escolher entre alternativas. Trata-se de comparar o resultado real com um padrão externo, à luz das condições institucionais existentes, que pode ser relevante para avaliar o desenvolvimento futuro do programa ou dos serviços e fornecer uma base objetiva para a tomada de decisões.

Joint (2006), no seu artigo *"Evaluating library software and its fitness for purpose",* apresenta um documento concetual baseado nos modelos de avaliação de software existentes. O principal objetivo é adaptar os princípios gerais utilizados para a avaliação da qualidade do software aos requisitos mais específicos que caracterizam a recuperação de informação e as aplicações educativas em ambientes de biblioteca. Apresenta também um modelo de qualidade de software que engloba uma série de factores de alto nível. Estes incluem a funcionalidade, a fiabilidade, a facilidade de utilização, a eficiência, a facilidade de manutenção e a portabilidade.

No seu artigo *"A Practical approach to library automation"*, **Bhardwaj** e **Sukla** *(2000)* discutem o facto de, segundo os peritos, a escolha do software ser uma questão muito complicada. A discussão tem de ser conduzida pelo comité de seleção e deve ser adquirido o software mais adequado em termos de flexibilidade, capacidade, escalabilidade, segurança, economia, facilidade de utilização, baseado em módulos e de última geração. Também discute os principais nomes de pacotes de software e as suas funcionalidades disponíveis no mercado.

Muir (2005) discute o software de fonte aberta (OSS) no seu artigo *"An introduction to the open source software issue"*. O autor descreve as características e a utilização de software de fonte aberta e o que está a acontecer com as aplicações OSS em universidades e outras bibliotecas no mundo ocidental, como os Estados Unidos, o Canadá, a Nova Zelândia, etc. De acordo com este artigo, o OSS permite aos programadores modificar e redistribuir software, na condição de disponibilizarem essas modificações a outros programadores.

No seu artigo *"LIBSYS: a solution for library automation and networking"*, **Joes** *(1997)* discute os futuros desenvolvimentos do software LIBSYS e menciona alguns pontos a considerar na escolha do software, tais como a facilidade de utilização, a base de utilizadores, a aplicabilidade regional, as possibilidades de ligação em rede e o apoio local.

Adeniran *(1999)*, *"Library software in use in southern Africa: a comparative analysis of search engines, database fme-tuning and maintenance tools"* estudou todos os tipos de bibliotecas nos seguintes países: Botswana, Lesoto, Moçambique, Namíbia, África do Sul, Suazilândia e Zimbabué. O estudo identificou 29 pacotes de software de entre 22% dos resultados utilizáveis do inquérito. O estudo examina os vários motores de pesquisa, as possibilidades de modificar ou aperfeiçoar a estrutura predefinida da base de dados, as possibilidades de importação e exportação e outras ferramentas disponíveis em todos os pacotes de software padrão na região. São também examinados os ambientes e modos de funcionamento. Os criadores de software dos países industrializados desenvolveram uma multiplicidade de aplicações para o trabalho de biblioteca e documentação. Os custos de desenvolvimento e manutenção de software podem ser muito elevados, e as bibliotecas têm de gastar muito dinheiro para automatizar os seus procedimentos. Perante esta necessidade urgente das bibliotecas dos países em desenvolvimento, o governo neerlandês decidiu tomar a iniciativa de desenvolver um pacote de software para bibliotecas num país em desenvolvimento.

Mahmood (1998) descreve no seu artigo *"the development of the LAMP (Library Automation and Management Program) software for use in developing countries and its marketing in Pakistan"* as características de um software integrado de biblioteca desenvolvido no Paquistão como parte de um projeto financiado pelos Países Baixos. O software, denominado LAMP, foi concebido para satisfazer as necessidades de automatização das bibliotecas dos países em desenvolvimento e baseia-se no CDS/ISIS. O autor propõe um plano de marketing para o LAMP. Analisa a situação de marketing, divide o mercado em segmentos, apresenta uma análise SWOT (pontos fortes, pontos fracos, oportunidades, ameaças) e propõe uma combinação de mercado (produto, preço, local e publicidade) para comercializar o software no Paquistão e noutros países.

A melhoria constante da tecnologia é essencial para a sobrevivência e o sucesso. Caso contrário, surgem alguns problemas técnicos no domínio das novas tecnologias.
Ramesh (1998) descreveu no seu artigo *"Technical Problems in Academic Libraries Related to Automation - An Overview"* que, para fornecer serviços bibliotecários eficazes aos leitores esclarecidos do mundo atual, é essencial que os serviços técnicos de uma biblioteca estejam bem organizados e adequadamente delineados, utilizando as aplicações mais recentes para fornecer um serviço rápido e imediato aos utilizadores/leitores.

Os serviços como a aquisição, a catalogação, o empréstimo, etc., abordaram os métodos tradicionais de gestão dos serviços técnicos utilizados antes da automatização e assinalaram também as enormes mudanças na infraestrutura dos problemas técnicos da biblioteca que surgiram para os tornar mais eficientes e úteis nas bibliotecas académicas à luz das tecnologias da informação.

^Constraints for evaluation of acquisition operations and supplier performance using LibSys" por **Mandal e Jeevan (2006)** discutiram os problemas práticos encontrados durante a recolha de

dados do pacote de software LibSys para avaliar o sistema de aquisição e os fornecedores de livros na Biblioteca Central do IIT, Kharakpur. Os autores do artigo também tentaram realçar a importância das opções de relatórios personalizados nos pacotes de software de automatização de bibliotecas, que permitem captar os aspectos qualitativos de um sistema de biblioteca utilizando dados quantitativos de diferentes operações de gestão. Sublinharam a importância de disposições adequadas nos pacotes de automatização para avaliar o desempenho de diferentes áreas da biblioteca e dos seus diferentes intervenientes.

Verificação de artigos no contexto nepalês

Verificou-se que, até à data, não existe literatura sobre os pacotes de software para bibliotecas utilizados nas bibliotecas nepalesas, nomeadamente sobre os seus requisitos, natureza, características e adequação. Existem, no entanto, alguns trabalhos significativos que tratam da automatização de bibliotecas e da utilização de TI em diferentes bibliotecas do Nepal.

No seu artigo *"Library automation in Kathmandu University"*, **Aryal (2006)** descreveu a aplicação do SOUL na Universidade de Katmandu e destacou as funções e módulos adequados e flexíveis para a automatização de todos os tipos de bibliotecas. Também referiu o facto de os empréstimos e as transacções poderem ser efectuados de forma sistemática e rápida graças à introdução de códigos de barras em todas as colecções.

"The Need for Library Automation in the UK Council" de **Sakya (1996) destaca** a importância e os módulos-chave dos sistemas de automatização de bibliotecas e explica por que razão a automatização das bibliotecas modernas é importante para a sua eficácia e eficiência.

Airy *(1999)* explica em *"Preparing Thesis Bibliography with Reference to Health Literature 1995-1998 using the software CDS/ISIS"*: "A última tendência nas bibliotecas não é uma enorme coleção de livros, mas uma biblioteca sem papel" e uma biblioteca contemporânea já não é apenas rica em documentos, mas também rica no acesso à informação. De facto, é preferível automatizar todos os serviços da biblioteca, uma vez que a automatização das bibliotecas permite uma maior precisão, um processamento mais rápido, a ligação em rede, a triagem e a impressão, uma melhor utilização do material de leitura, uma utilização mais fácil, o controlo bibliográfico, a qualidade do serviço e a reputação da biblioteca.

Shrestha (2000) faz uma avaliação cursiva do software CDS/ISIS em *"Preparation of bibliographic index on serial article of health science literature with reference to CDS/ISIS software package"*. Salienta a criação de bibliografias com teses como nível bibliográfico. Salienta igualmente a importância da automatização das bibliotecas. **Pradhan (1995)** examina os ficheiros de dados, os elementos de dados e os exemplos de CDS/ISIS Pascal necessários para os sistemas de aquisição, catalogação e circulação das bibliotecas, e identifica vários programas necessários para desenvolver estes sistemas, juntamente com os seus pontos de controlo.

Capítulo 3

3. Metodologia

Em princípio, a investigação é descrita como um processo ativo, meticuloso e sistemático de investigação destinado a descobrir, interpretar e verificar factos. O termo investigação é também utilizado para descrever a recolha de informações sobre um determinado assunto. A aplicação de procedimentos de investigação é, portanto, conhecida como metodologia de investigação. A investigação pode também ser definida como a procura científica e sistemática de informações pertinentes sobre um determinado assunto **(Kothari, 1989).**

3.1 Conceção da investigação

A conceção da investigação é um plano, uma estrutura e uma estratégia para um estudo destinado a obter respostas às questões de investigação e a controlar a variância. Neste estudo, foram examinados dois aspectos principais: a investigação qualitativa e a investigação quantitativa. Uma vez que um único método de recolha de dados não é adequado para estudar o assunto. Por conseguinte, é utilizada uma combinação de diferentes métodos para recolher os factos, números e dados relevantes. Os principais métodos utilizados são os questionários estruturados, os inquéritos e as entrevistas directas com as pessoas em causa. Em alguns casos, os dados são recolhidos através de contactos telefónicos, contactos pessoais com as autoridades em causa (principalmente bibliotecários/gestores de informação e fabricantes e distribuidores de software).

3.2 **Modelo do processo de investigação**

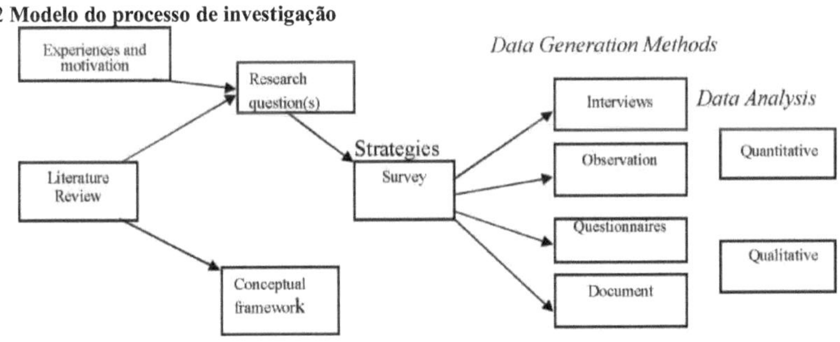

3.3 População

A população do estudo era constituída por bibliotecas informatizadas ou que utilizam computadores para a automatização das bibliotecas. O estudo centrou-se especificamente nas bibliotecas das universidades e das grandes escolas. Neste estudo, a população não é um indivíduo, mas a biblioteca e os seus bibliotecários na Universidade de Katmandu, na Universidade de Tribhuvan, no Campus Público da Juventude, no Appex College, no Instituto de Engenharia, na Faculdade de Medicina do Nepal e no Instituto de Formação de Instrutores Técnicos (TITI).

3.4 Recolha de amostras

As bibliotecas da universidade, dos colégios afiliados e dos colégios privados de Katmandu que dispõem de sistemas de automatização foram seleccionadas como instituições de amostragem para o presente estudo e inquérito. O principal objetivo do estudo é descobrir que software está a ser utilizado na biblioteca em causa e avaliar a adequação desse software. Apenas trinta questionários foram distribuídos nas bibliotecas seleccionadas para a recolha de dados, e todos foram recolhidos.

3.5 Fontes de dados

Foram recolhidos dados primários e secundários. Os dados primários incluíram documentos originais sobre software para bibliotecas e entrevistas com bibliotecários. Os documentos originais incluem conferências anuais e profissionais, literatura especializada e páginas relevantes da World Wide Web.

Os dados secundários incluem relatórios, monografias, teses, livros, directórios e enciclopédias, manuais, brochuras, etc., que foram consultados. Foram também consultados trabalhos teóricos relevantes sobre a avaliação e comparação de pacotes de software de gestão de bibliotecas. Foi efectuado um inquérito junto das bibliotecas e centros de informação em causa.

3.6 Procedimento de recolha de dados

3.6.1 Método do questionário

O questionário (Anexo I) foi concebido para recolher e coligir as informações necessárias à realização deste trabalho. Na conceção do questionário, houve o cuidado de garantir que este abrangesse todos os aspectos sem perder a sua simplicidade e objetividade. O questionário continha perguntas "abertas" e "fechadas" ou "fixas". O questionário abrangeu todos os aspectos importantes do software, tanto do lado do utilizador como do lado do software. Foram igualmente tidos em conta os pormenores de cada biblioteca e os serviços que oferece, a fim de determinar a utilidade do software e a sua capacidade de gerir o número de registos.

Os questionários foram enviados aos bibliotecários de universidades e faculdades seleccionadas. A maioria dos questionários foi recolhida no prazo de uma a duas semanas, mas, em alguns casos em que não foi recebida qualquer resposta após um longo período, os bibliotecários foram contactados pessoalmente e por telefone, tendo sido organizadas visitas pessoais para telefonar de volta e recolher os questionários preenchidos.

3.6.2 Método de manutenção

Foram realizadas entrevistas estruturadas e não estruturadas com bibliotecários familiarizados com os pacotes de software, bem como com profissionais-chave e especialistas, a fim de recolher os dados, factos e números relevantes. De todos os métodos, o método da entrevista revelou-se muito útil para estudar o preenchimento das informações deixadas aquando do preenchimento do questionário.

3.7 Procedimento de análise de dados

Os dados sob a forma de questionários foram recolhidos, processados e classificados para análise de dados. Todos os dados recolhidos foram reunidos num formulário que resumia as respostas dos inquiridos.

Para interpretar os dados, utilizámos dados qualitativos e quantitativos recolhidos durante o trabalho de campo e obtidos de outras fontes secundárias. Os dados foram categorizados de acordo com os objectivos da investigação. Os dados qualitativos foram analisados de forma descritiva. Os dados recolhidos foram analisados e interpretados de forma sistemática, classificando-os em diferentes rubricas e sub-rubricas para atingir o objetivo da investigação.

A fim de avaliar a força competitiva do software, a análise dos dados utilizou o método de pontuação para um estudo comparativo do software.

Capítulo 4

4. Pontos fortes do estudo

Este capítulo está dividido em duas secções. A primeira secção contém uma introdução básica, tipos de software e os diferentes tipos de pacotes de software utilizados nas bibliotecas, enquanto a segunda secção trata da automatização das bibliotecas.

4.1 Software de automatização de bibliotecas: história e comparação

O enorme fluxo de informação torna difícil aos bibliotecários satisfazer a procura dos utilizadores e obriga-os a assumir a tarefa de organizar sistematicamente o conhecimento que recolhem. Por outro lado, os programas informáticos estão a desenvolver-se dia após dia em todos os domínios. Os bibliotecários também estão a acompanhar o rápido desenvolvimento dos computadores, utilizando diferentes tipos de bases de dados, software e pacotes de automatização de bibliotecas e automatizando as suas várias actividades bibliotecárias *(Wright, 1996)*.

As actividades e a complexidade do sector da informação aumentaram. Consequentemente, a aquisição, a catalogação, a circulação e a gestão das publicações em série tornaram-se tarefas cada vez mais especializadas que exigem um elevado nível de eficiência. Esta complexidade crescente pode ser facilmente gerida através da utilização de bons pacotes de software de automatização de bibliotecas (Pradhan, 1995).

4.2 Software

Uma série de instruções é conhecida como programa, e uma série de programas é conhecida como software. O hardware funciona com base numa série de programas de software (Sharma, 1993). Basicamente, o software é o programa que permite que o computador funcione e obtenha os resultados desejados. Foi dito que "um computador sem software é como um homem sem cérebro, ou uma biblioteca sem livros e bibliotecários". Por conseguinte, é necessário contar com

Em princípio, a escolha do software é anterior à do hardware. O autor destacou em pormenor o software necessário para as rotinas da biblioteca e a recuperação de informação *(Malik, 1994)*.

4.3 Tipos de software

Embora a gama de software atualmente disponível seja vasta e variada, a maior parte do software pode ser dividida em duas categorias principais:

1. Software de sistema
2. Software de aplicação

2.1.1 Software de sistema: o software de sistema é um conjunto de um ou mais programas que controlam o funcionamento de um sistema informático e alargam as suas capacidades de processamento. Em geral, o software de sistema de um computador executa uma ou mais das seguintes funções.

☐ Apoia o desenvolvimento de outro software de aplicação

☐ Suporta a execução de outro software de aplicação

☐ Monitoriza a utilização efectiva de vários recursos de hardware, como a CPU, a memória, os periféricos, etc.

☐ comunicar com e controlar periféricos como impressoras, discos rígidos, cassetes, etc.

Os programas contidos num pacote de software de sistema são designados por programas de sistema e os programadores que criam software de sistema são designados por programadores de sistema (Sinha, 2003). De seguida, apresentam-se alguns dos tipos mais comuns de software de sistema:

☐ Sistema operativo

☐ Tradutor de linguagens de programação

☐ Software de comunicação

☐ Programas de utilidade pública

2.1.2 Software de aplicação: O software de aplicação é um conjunto de um ou mais programas concebidos para resolver um determinado problema ou efetuar uma tarefa específica. Alguns destes programas estão disponíveis no mercado sob a forma de pacotes de software. São os seguintes:

☐ Software de processamento de texto

- Software de folha de cálculo
- Software de base de dados
- Software gráfico
- Software de assistência pessoal
- Software educativo
- Software de lazer
- Pacotes de edição eletrónica
- Software de gestão de bibliotecas
- Sistemas especializados

Atualmente, existem no mercado pacotes de software prontos a utilizar para uma multiplicidade de aplicações, com características, preços e versões em constante evolução. A escolha do pacote de software correto é um fator importante para um sistema de automatização de bibliotecas. Não existem muitas publicações ou estudos de caso que examinem os critérios de seleção de um pacote de software adequado. A escolha baseia-se nas necessidades específicas da instituição, no seu ambiente, no orçamento e nos objectivos do utilizador (Malwad, 1995).

Um dos distribuidores de software, a Soft-link Asia, declarou: "A nossa missão é tornar a informação acessível tanto a especialistas como a grupos gerais da sociedade, através da utilização eficaz das tecnologias da informação nas bibliotecas - o epicentro do armazenamento de conhecimentos e o centro da discriminação". O software oferecido é uma mistura de software comercial, shareware e de fonte aberta. Estes três tipos básicos de pacotes de software podem ser considerados no contexto atual.

4.4 Software comercial

Centenas de pacotes comerciais de software para bibliotecas foram desenvolvidos e são agora utilizados com sucesso em todo o mundo, e existem muitos directórios de software e outras ferramentas para ajudar os bibliotecários a escolher o software adequado para as suas bibliotecas **(Malik, 1994).**

O software comercial oferece geralmente soluções para problemas específicos de aplicação. Uma vez que é desenvolvido à escala comercial num mercado competitivo para um grande número de clientes, é dedicado um elevado nível de competência e esforço ao seu desenvolvimento. Como resultado, são fiáveis, fáceis de utilizar e, em muitos casos, bem documentados (**M *alwad, 1995)*.

No contexto dos países em desenvolvimento, LIBSYS, Alice, SLIM, EASYLIB e SOUL são alguns exemplos do software comercial de automatização de bibliotecas mais comum. Alguns softwares são caros, outros são baratos. Para algumas bibliotecas, a utilização de software comercial é incomportável, uma vez que não dispõem do orçamento necessário para adquirir e manter o pacote, tendo em conta os custos de manutenção contínua e as versões mais recentes. No entanto, as bibliotecas financeiramente sólidas podem comprar e utilizar software comercial para automatizar as suas bibliotecas. O British Council Nepal, a TITI e o SAARC Tuberculosis Center utilizaram o software Alice para Windows.

4.5 Software de fonte aberta

O software de fonte aberta é um antónimo de software de fonte fechada e refere-se a qualquer software de computador que é disponibilizado gratuitamente e cujas licenças proíbem geralmente a modificação e a redistribuição comercial. O código-fonte está disponível ao abrigo de uma licença que permite aos utilizadores estudar, modificar e melhorar o software e redistribuí-lo sob forma modificada ou não modificada. Uma definição de código-fonte aberto é: "distribuição e partilha gratuitas de software e código-fonte; licenças que permitem a distribuição de modificações e trabalhos derivados e que não discriminam indivíduos, grupos ou áreas de especialização" (OSI; www.opensource.org).

Este termo aplica-se geralmente ao código-fonte de software disponibilizado ao público em geral com restrições de propriedade intelectual reduzidas ou mesmo inexistentes. Isto permite aos utilizadores criar conteúdos de software gerados pelo utilizador, quer através de um esforço individual incremental, quer através de colaboração. O software de fonte aberta tornou-se popular com o advento da Internet e a oportunidade que esta oferecia de criar diferentes modelos de produção, canais de comunicação e comunidades interactivas. Existem muito poucos casos de software que seja software livre mas não de código aberto, e vice-versa. A diferença entre estes termos reside na ênfase que colocam.

4.6 Pacotes de software gratuito

Shareware é software publicado gratuitamente em formato binário, mas apenas por um período experimental limitado, no final do qual os utilizadores são convidados a comprar o software. Trata-se de software de domínio público, geralmente obtido em bibliotecas de shareware. São também conhecidos como pacotes freeware e as suas licenças proíbem geralmente as modificações e a redistribuição comercial. O software livre é definido como dando liberdade ao utilizador. Isto reflecte o objetivo do movimento do software livre. O shareware está essencialmente disponível gratuitamente, embora seja provavelmente pedido aos utilizadores que paguem uma pequena taxa à biblioteca para cobrir os custos de cópia do software e do suporte em que é fornecido. Além disso, os autores de software cobram normalmente os manuais aos utilizadores registados. Este tipo de software pode ser utilizado por qualquer pessoa para fins não comerciais. O CDS/ISIS, desenvolvido pela UNESCO, é um exemplo deste tipo de software livre, especialmente concebido para o processamento de informação textual e muito popular nos países em desenvolvimento.

4.7 Software livre utilizado no Nepal

A introdução do software CDS/ISIS teve um enorme impacto na automatização das bibliotecas no Nepal. Em 1986, a UNESCO distribuiu gratuitamente o software CDS/ISIS às bibliotecas científicas. O software ISIS tornou possível a criação de formatos individuais de introdução de dados adaptados às necessidades das bibliotecas. As bibliotecas universitárias e universitárias decidiram utilizar um formato comum de introdução de dados que permitisse um intercâmbio prático de dados. Outra razão importante é o facto de a formação ser oferecida por muitas instituições de formação de bibliotecas e ser mesmo exigida pelo Departamento Central de Biblioteconomia e Ciência da Informação da Universidade de Tribhuvan (TU) no seu currículo MLSc.

No entanto, nas últimas duas décadas, foram feitas várias tentativas para informatizar os serviços de biblioteca e de informação no Nepal a nível institucional, e algumas bibliotecas introduziram pacotes de software comercial para automatizar as suas bibliotecas. Atualmente, algumas organizações e associações de bibliotecas estão também a envidar esforços nesta direção. Como mencionado no primeiro capítulo, o Nepal tem seis universidades e uma universidade reconhecida. O número total de colégios afiliados, constituintes e privados em todo o país, que estão sob a alçada destas universidades, é de cerca de 548. Destes 548 colégios, 250 estão localizados em Katmandu **(UGC 2005-2006).** Destas, apenas 30 bibliotecas onde são utilizados computadores para automatizar as bibliotecas foram estudadas. As restantes bibliotecas não foram consideradas porque não utilizavam software de biblioteca para a automatização da sua biblioteca.

Quadro A: Situação da automatização das bibliotecas públicas e privadas das faculdades e universidades de Katmandu

S.Nr.	Nome do estabelecimento	Universidade	Estado	Público	Privado	Software utilizado
1	Biblioteca Central da Universidade de Tribhuvan	TU	Conteúdo	Público		CDS/ISIS, Lib Info
2	Biblioteca Central da Universidade de Katmandu	KU	Conteúdo	Público		ALMA
3	Campus público para jovens	TU	Conteúdo	Público		MIDAS LMS
4	Faculdade de Medicina do Nepal	KU	Afiliado a		Privado	Lib Info
5	Escola de Medicina de Katmandu	KU	Afiliado a		Privado	Diretor da biblioteca
6	Instituto de Engenharia, Pulchok, KTM	TU	Conteúdo	Público		LMS
7	Faculdade de Engenharia do Nepal, changunarayan	Pokhara	Afiliado a		Privado	WINISIS
8	Universidade de Appex, KTM	Pokhara	Afiliado a		Privado	LMS
9	Escola Superior de Gestão de Catmandu, KTM	KU	Afiliado a		Privado	CDS/ISIS
10	Campus de Comércio do Nepal, Minbhawan	TU	Conteúdo	Público		CDS/ISIS
11	Escola Superior de Engenharia de Khopa, BKT	PU	Conteúdo			CDS/ISIS
12	Escola de Engenharia de Katmandu, Kalimati	TU	Conteúdo		Privado	WINISIS
13	Escola Mundial de Gestão, Baneshwor	TU	Afiliado a		Privado	MIDAS LMS
14	Colégio Nacional, Sanepa	TU	Afiliado a		Privado	CDS/ISIS
15	Colégio Prime, Balaju	TU	Afiliado a		Privado	A preto e branco interno
16	Instituto de Medicina, Campus de Enfermagem	TU	Componente	Público		CDS/ISIS WINISIS
17	Colégio de Engenharia Everest, Gongabu,	Pokhara	Afiliado a		Privado	WINISIS
18	Campus de Ciências de Amrit	TU	Conteúdo	Público		CDS/ISIS
19	Campus de Padmakanya	TU	Conteúdo	Público		WINISIS
20	Campus de Shankardev	TU	Componente	Público		CDS/ISIS
21	Campus de Direito no Nepal	TU	Componente	Público		CDS/ISIS

22	Campanha universitária	TU	Afiliado a		Privado	A preto e branco interno
23	Colégio Nepalês, Baneshwor	KU	Afiliado a		Privado	A preto e branco interno
24	Instituto de Formação Técnica (TITI)	KU	Afiliado a	Público		ALICE para Windows
25	Colégio Internacional de São Paulo	PU	Afiliado a		Privado	WINISIS
26	Kantipur City College, Putalisadak	PU	Afiliado a		Privado	WINISIS
27	Colégio de S. Xavier	TU	Afiliado a		Privado	A preto e branco interno
28	Instituto Nacional de Ciência e Tecnologia (NIST)	TU	Conteúdo		Privado	WINISIS
29	Faculdade de Ciências e Tecnologia de Katmandu (KIST)	TU	Afiliado a		Privado	A preto e branco interno
30	Faculdade de Medicina Dentária do Povo	TU	Afiliado a		Privado	WINISIS

A tabela acima mostra que a maioria das bibliotecas de instituições académicas - 17 (56%) em 30 - utiliza o software de código aberto CDS/ISIS e WINISIS. Apenas 9 (30%) bibliotecas utilizaram outro software comercial e 5 (16%) utilizaram software interno criado por estudantes no âmbito de um projeto de automatização da sua biblioteca. Verificou-se também que apenas 7 das 12 instituições académicas públicas utilizavam o CDS/ISIS e 14 das 18 instituições académicas privadas utilizavam o CDS/ISIS e software interno. É evidente que os bibliotecários das instituições públicas utilizam mais conscientemente o software de automatização de bibliotecas padrão do que os bibliotecários das instituições privadas. No entanto, a maioria das instituições académicas, quer públicas quer privadas, continua a utilizar o software de fonte aberta CDS/ISIS.

O quadro mostra também que muitas bibliotecas universitárias privadas utilizam software simples apenas para conjuntos de dados criados por estudantes no âmbito de trabalhos de projeto. Estes tipos de bases de dados têm funções de gestão ou outras facilidades.

4.8 Software comercial e de fonte aberta

Software de fonte aberta (OSS)	Software comercial (CS)
O software de fonte aberta está disponível quase gratuitamente.	No caso do software comercial, as taxas aplicam-se à compra inicial, ao licenciamento e à atualização.
O OSS pode estudar, modificar e melhorar o software e distribuí-lo de forma modificada ou não modificada.	O CS não pode ser alterado, modificado, melhorado ou redistribuído pelos utilizadores
OSS pode ser recompilado ou, pelo menos, portado para novo hardware e sistemas operativos	O CS é geralmente distribuído apenas como um ficheiro binário, que funciona numa única plataforma de hardware e numa única versão.

O OSS torna a preservação de objectos digitais mais simples e menos arriscada.	É muito difícil manter a CS a longo prazo sem desenvolver emulação de hardware.
O OSS é fácil de verificar.	Não pode ser simplesmente verificado.
Pode ser difícil de utilizar e pode não estar bem documentado.	É fiável, fácil de utilizar e, em muitos casos, está bem documentado.
Os OSS não são muitas vezes tão fáceis de utilizar	O CS é fácil de utilizar
Os OSS são frequentemente criticados pela sua falta de apoio e manutenção	Suporte e manutenção CS
Os custos de suporte e manutenção do OSS são frequentemente mais baixos.	Os custos de suporte e manutenção do CS são mais elevados

4.9 Automatização de bibliotecas: uma visão geral

A literatura sobre a automatização das bibliotecas diversificou-se, enquanto no passado se centrava principalmente nas funções domésticas tradicionais de aquisição, catalogação e empréstimo. Atualmente, expandiu-se para além dos sistemas de gestão de bibliotecas, incluindo OPAC, CD-ROM, redes, edição eletrónica, automatização de escritórios, etc. Existe hipermédia, multimédia, realidade virtual, etc. Não caberia no âmbito do presente estudo abranger todos os desenvolvimentos; em vez disso, a panorâmica centrar-se-á apenas nas principais áreas e tendências da automatização das bibliotecas.

A automatização de bibliotecas refere-se à utilização de computadores, de suportes periféricos associados, tais como fitas magnéticas, disquetes, suportes ópticos, etc., e à utilização de produtos e serviços informatizados na execução de todos os tipos de funções e operações de bibliotecas. Os computadores são capazes de introduzir um elevado grau de automatização nas operações e funções, uma vez que são electrónicos e programáveis e podem controlar os processos realizados. A utilização de computadores e técnicas relacionadas torna possível fornecer ao leitor certo a informação certa, no momento certo, na forma certa e do modo certo **(Bhardwaj, 2000)**.

Definição

Muitos autores utilizam o termo "automatização de bibliotecas" para se referirem à utilização de computadores como ferramentas de apoio ao trabalho das bibliotecas. Markuson afirma: "A automatização das bibliotecas, no sentido mais lato, pode ser entendida como a utilização de máquinas para processos biblioteconómicos. Em geral, isto significa a utilização de computadores e equipamento informático relacionado nas bibliotecas".

Segundo Salmon, "a automatização das bibliotecas é a utilização de máquinas automáticas e semi-automáticas de processamento da informação para realizar as actividades tradicionais das bibliotecas, como a aquisição, a catalogação e o empréstimo. Embora estas actividades não sejam necessariamente realizadas da forma tradicional, são actividades tradicionalmente associadas às bibliotecas. A automatização das bibliotecas pode, por conseguinte, ser distinguida de áreas conexas, como

Recuperação de informação, indexação e resumo automáticos e análise automática de textos".

4.10 História da automatização

A automatização das bibliotecas começou no início da década de 1960 com o desenvolvimento da utilização de computadores. O período de 1965 a 1975 (**Boss, 1990)** abrange praticamente todos os desenvolvimentos fundamentais na utilização de computadores para a recuperação de informação. Entre os primeiros sistemas verdadeiramente informatizados contam-se os criados em 1959 no Naval Ordnances Laboratory em Silver Spring, Maryland, e o sistema posto em funcionamento em 1960 pela Western Reserve University para a American Society for Metals. A Armed Services Technical Information Agency (1959-1963), a National Aeronautics and Space Administration (1962) e a National Library of Medicine criaram o Medical Literature Analysis and Retrieval System Services (MEDLARS). Estas agências devem ser consideradas como pioneiras na criação em grande escala de informação bibliográfica por computador. Estas agências desempenharam um papel importante e influente no desenvolvimento da recuperação da informação nos Estados Unidos. Na Índia, as actividades de informatização e de ligação em rede começaram com a criação do Sistema Nacional de Informação sobre Ciência e Tecnologia (NISSAT) em 1979. No Nepal, a automatização do sistema de bibliotecas começou em 1986, quando a UNESCO distribuiu gratuitamente o software CDS/ISIS.

4.11 Razões para a automatização

A primeira e principal razão para a automatização das bibliotecas é o controlo bibliográfico. A segunda razão é a eficiência e a utilidade. Do mesmo modo, a automatização serve a precisão; conduz a uma redução da carga de trabalho, a uma facilidade de utilização e a um aumento da autoestima da biblioteca. As possibilidades oferecidas pelos meios periféricos informatizados e a sua aplicação às actividades e serviços das bibliotecas conduziram a melhorias quantitativas e qualitativas significativas, particularmente na área da tecnologia em linha. Alguns dos benefícios mais gerais da automatização das bibliotecas incluem:

1. Precisão
2. Velocidade
3. Melhoria da utilização dos recursos
4. Melhorar o serviço ao cliente
5. Controlo financeiro
6. Controlo das existências
7. Serviços de informação
8. Melhorar a imagem da biblioteca
9. As tecnologias modernas podem ser adaptadas
10. Produzir e avaliar com exatidão informações de gestão, tais como informações estatísticas úteis, utilização das existências e acompanhamento dos membros.

De acordo com **Suku (2000), os** factores que tornam necessária a automatização das bibliotecas universitárias são os seguintes

11. A explosão do conhecimento está a conduzir a um grande número de especializações e a um fluxo quase ininterrupto de informação;
12. os utilizadores não podem efetuar pesquisas literárias ilimitadas
13. Perde-se muito tempo precioso no processamento de operações de biblioteca rotineiras e repetitivas;
14. Mesmo as maiores bibliotecas não podem adquirir e disponibilizar todo o material publicado; e
15. Facilitar o intercâmbio simples, rápido e fiável de recursos entre bibliotecas, no espaço e no tempo.

4.12 Critérios de automatização

Nem a dimensão, nem a história, nem qualquer outro aspeto da biblioteca pode exigir a informatização. O número de títulos não pode ser a norma (Airy, 1999). O mesmo se passa com o número de clientes. Em suma, não existe um critério fixo neste domínio. A introdução dos microcomputadores permitiu às pequenas bibliotecas

confortável para a nova transformação. No entanto, há que ter em conta determinados factores: Capacidade financeira, requisitos de equipamento, mão de obra formada e qualificada.

4.13 Factores de automatização das bibliotecas

4.14 . 1. aumentar a informação e diminuir o espaço

O enorme crescimento ou explosão da informação na literatura em todos os domínios, em número e volume, resulta na fragmentação da literatura e numa especialização crescente do conhecimento. Como resultado desta explosão de informação, a quantidade, a diversidade e a complexidade da informação estão a aumentar rapidamente em todos os domínios. As aplicações informáticas podem resolver este problema, uma vez que são capazes de armazenar grandes quantidades de informação em suportes de armazenamento minúsculos, por exemplo, num CD-ROM (Bhardwaj, 2000) da Enciclopédia Britânica. Séries, resumos, revisões de indexação, etc. já estão disponíveis em CD-ROM.

4.14.1 Taxas de utilização e sobrecarga de informação

O número crescente de clientes das Bibliotecas e Centros de Informação (BIZ) e as suas exigências específicas obrigam-nos a mudar a forma como organizamos a informação, uma vez que os métodos tradicionais estão a tornar-se insuficientes. O método manual está a atingir os seus limites e coloca um problema quando se trata de dar aos leitores acesso à informação disponível numa vasta gama de publicações.

4.14.2 Escalada de preços

O rápido aumento do preço do material de informação levou as CLI a partilharem os seus recursos. Estas compreenderam que a única forma de chegar aos seus grupos de clientes era estabelecer uma cooperação efectiva entre bibliotecas, centros de informação e redes, e partilhar todos os tipos de recursos.

4.14.3 Aumento do orçamento

À medida que o número de membros da biblioteca, os custos do equipamento e dos serviços de informação e o crescimento ou explosão da informação aumentam, o mesmo acontece com os orçamentos das bibliotecas. O sistema permite automatizar as actividades da biblioteca e utilizar os seus recursos da melhor forma possível.

4.15 Tecnologias da informação no Nepal

A prática de enviar, receber e intercetar informações por vários meios existe no Nepal desde tempos remotos. Os nepaleses começaram a comunicar através do envio de mensagens por correio eletrónico e da obtenção de informações importantes na Internet. É por isso que o início dos anos 90 pode ser considerado como o início da era dos computadores na história do Nepal. A primeira utilização em grande escala de computadores no Nepal data de 1971 **(CAN, 2005)**, aquando da tabulação dos dados do recenseamento.

No início da década de 1980, foi criado o National Computer Centre (NCC) para o tratamento de dados governamentais e institucionais. No entanto, devido à falta de trabalho, o centro teve de limitar as suas actividades, por exemplo, à introdução dos resultados dos exames do School Leaving Certificate (SLC) em forma de tabela e à sua publicação. O único trabalho importante efectuado pelo centro foi a introdução, o tratamento, a codificação e o processamento dos dados do recenseamento de 1991 (CAN, 2005). A introdução de dados foi efectuada com 40 microcomputadores compatíveis com o XT num ambiente de rede local.

Atualmente, quase todos os escritórios, edifícios comerciais, bancos e famílias da classe média e alta utilizam computadores para as suas actividades diárias. Os computadores tornaram-se parte integrante da vida dos nepaleses.

4.16 Automatização de bibliotecas no Nepal

No Nepal, o conceito de automatização de bibliotecas foi introduzido nas últimas duas décadas. Algumas bibliotecas automatizaram um ou mais módulos. Os módulos frequentemente automatizados são o catálogo, as aquisições, os empréstimos e a gestão de séries.

A British Council Library, a Kathmandu University Central Library (KUCL) e a American Library são os poucos exemplos de bibliotecas automatizadas no Nepal. A Biblioteca Central da Universidade de Tribhuvan (TUCL) e outras bibliotecas estão parcialmente automatizadas e espera-se que sejam totalmente automatizadas num futuro próximo. Os principais obstáculos à automatização das bibliotecas foram a falta de planeamento, a indisponibilidade de software a preços acessíveis, as restrições à importação de equipamento, a falta de pessoal formado, a falta de normas e a falta de colaboração. No entanto, a situação melhorou em comparação com o passado, graças à disponibilidade de computadores pessoais de baixo custo e à disponibilidade de CDS/ISIS (software de fonte aberta) e de outro software, bem como de pessoal profissional. O Instituto de Medicina, Campus de Enfermagem, Maharajgunj, iniciou a automatização em 1993, informatizando o seu catálogo com CDS/ISIS. A TUCL começou a utilizar o CDS/ISIS em 1995 e instalou o WINISIS em 2000. A KUCL e as suas três outras escolas (KUSMS, KUSOM, KUSOEdu), a Universidade de Pokhara e algumas universidades privadas também começaram a utilizar o CDS/ISIS. Depois de 1995, as instituições que podiam dispor de um computador na sua biblioteca converteram gradualmente o seu catálogo de fichas num catálogo legível por máquina.

Quando se tornou difícil para as bibliotecas com vários locais manterem todas as funções e serviços de biblioteca, começaram a oferecer sistemas de biblioteca integrados. Em 2004, a Biblioteca da Universidade de Katmandu instalou um software integrado de gestão de bibliotecas, desenvolvido pela INFLIBNET, UGC, Índia. Em 2006, a TUCL e o Nepal Medical College também introduziram o Lib Info (versão 1) para automatizar todas as funções e serviços da biblioteca. Do mesmo modo, o Training Institute of Technical Instructor (TITI) adoptou o ALICE for Windows (AFW). Para além das bibliotecas científicas, a British Council Library e o SAARC Center of Tuberculosis também adoptaram o

software comercial de automatização de bibliotecas AFW, um software integrado de biblioteca baseado em PC, plataforma DOS/Windows, para desenvolver os seus sistemas automatizados. As bibliotecas americanas também estão a automatizar as suas bibliotecas com o software Sage brush Info center.

Do mesmo modo, o Appex College (PU) e o Institute of Engineering (TU), Pulchok, implantaram um sistema integrado de gestão de bibliotecas baseado na Web (LMS), com um serviço eficiente que inclui o módulo de empréstimo e o catálogo em linha para acesso público (OPAC). O Campus Público da Juventude (TU) desenvolveu o catálogo da sua biblioteca com o MIDAS LMS. Embora o estudo se centre apenas nas bibliotecas científicas, procurámos também apresentar a situação de outras bibliotecas públicas e especiais e os pacotes de software de informação geral que utilizam, como se pode ver no quadro seguinte:

Quadro B: Pacotes de software de automatização de bibliotecas utilizados no Nepal

S.Nr.	Biblioteca científica	Nome do software de automatização utilizado	S.Nr.	Biblioteca não académica	Nome do software de automatização utilizado
1.	TUCL	CSD/ISIS,WINISIS, Lib Info	1.	Biblioteca do British Council	ALICE para Windows
2.	KUCL	ALMA	2.	Biblioteca americana	Centro de informação da escova de sálvia
3.	Campus público para jovens	MIDAS LMS	3.	Centro de tuberculose da SAARC	ALICE para Windows
4.	Faculdade de Medicina do Nepal	Lib Info	4.	Biblioteca do Ministério da Administração geral	LIS
5.	Kathmandu Faculdade de Medicina	Diretor da biblioteca	5.	ICIMOD	CDS/ISIS
6.	Instituto de Engenharia, Pulchok, KTM	LMS	6.	Hospital de Patan	CDS/ISIS
7.	Colégio de S. Xavier	Sistema de bibliotecas universitárias	7.	Biblioteca da UNESCO	WINISIS
8.	TITI	ALICE para Windows	8.	WECS	WINISIS
9.	GlobalCollege of Management	MIDAS LMS	9.	Biblioteca Bharat do Nepal	CDS/ISIS
10.	KIS	ALICE para Windows	10.	Biblioteca Nacional do Nepal	CDS/ISIS
11.	Instituto de Medicina, Campus de Enfermagem	CDS/ISIS WINISIS	11.	Biblioteca Pública de Katmandu	CDS/ISIS
12.	Escola Superior de Engenharia de Khopa, BKT	CDS/ISIS WINISIS	12.	Biblioteca Dilliraman Regmi Kalyani Pragya Pratisthan	WINISIS

Algumas bibliotecas científicas ainda não começaram a automatizar o seu trabalho. Apenas algumas bibliotecas científicas deste grupo dispõem de um PC utilizado para tarefas bibliográficas.

4.17 Biblioteca científica

A biblioteca é uma instituição social que fornece aos leitores informação relevante. O seu objetivo é permitir que os utilizadores utilizem da forma mais eficaz os recursos e serviços disponíveis. O sistema de informação do Nepal inclui diferentes sistemas de bibliotecas, como as bibliotecas científicas, as bibliotecas públicas, as bibliotecas nacionais, as bibliotecas governamentais, as bibliotecas especiais, etc. Entre estas, as bibliotecas científicas do Nepal são as mais importantes. Entre estas, as bibliotecas científicas do Nepal são descritas com as suas características e história, crescimento, perfil e serviços. Neste estudo, a atenção centra-se nas bibliotecas universitárias.

4.18 Aspectos gerais das bibliotecas universitárias

A biblioteca universitária ocupa uma posição única entre as bibliotecas científicas. É a pedra angular do ensino superior. Tem sido descrita como o "coração da universidade", a "oficina dos académicos" e a "biblioteca dos académicos" (*Sharma, 1990*). A sua principal missão consiste em contribuir para os programas de licenciatura e de mestrado e para o programa de investigação da universidade. Tem de cumprir diferentes funções, como o ensino, a publicação dos resultados da investigação, a preservação do conhecimento e das ideias, a divulgação e a interpretação. Muito poucas bibliotecas universitárias e de colégios no Nepal automatizaram as suas colecções, e muitas bibliotecas universitárias estão em vias de informatizar as suas colecções e serviços. A biblioteca universitária deve ter como objetivo promover as funções da sua universidade da seguinte forma

1. Satisfazer as necessidades de ensino e investigação da universidade.
2. Instruções de utilização da biblioteca
3. Informações gerais e específicas exactas
4. Pesquisa bibliográfica
5. Promover a partilha de recursos, a criação de redes e o intercâmbio de bases de dados.
6. prestar serviços de documentação e informação e editar publicações relevantes.

7. Apoiar o desenvolvimento de bibliotecas e promover normas, directrizes e boas práticas.
8. Promover a especialização na gestão da informação e organizar cursos de formação

9. Coleção de exposições da biblioteca, outras exposições, etc.

10. Empréstimos à distância

4.19 Os desafios da automatização

As bibliotecas universitárias e universitárias do Nepal reconhecem a necessidade de passar do seu passado isolado para sistemas integrados e fluxos de trabalho em rede. As bibliotecas académicas do Nepal estão a fazer o seu melhor para acompanhar o ritmo das suas congéneres do mundo desenvolvido. A automatização das bibliotecas no Nepal começou no final da década de 1990, em várias fases. A automatização dos serviços de biblioteca beneficia não só os utilizadores da biblioteca, mas também o pessoal da biblioteca, que é responsável pela prestação de vários serviços de informação em particular e pela biblioteca em geral. Infelizmente, por várias razões, pouco tem sido feito para desenvolver a informatização nas bibliotecas científicas do Nepal. Um dos fenómenos comuns das bibliotecas universitárias e universitárias no Nepal é a falta de recursos adequados. Devido a cortes orçamentais, não conseguem prosseguir de forma consistente as suas actividades de desenvolvimento de colecções.

O problema da gestão eficaz e eficiente das bibliotecas tem-se multiplicado a um ritmo alarmante. Esta situação é agravada pela escassez de pessoal, pelo aumento das cargas de trabalho e pela diminuição dos orçamentos das bibliotecas. A experiência mostra que, com o pessoal e os recursos disponíveis, os processos de trabalho e os serviços manuais e/ou tradicionais são insuficientes e ineficazes face a estes problemas alarmantes.

As grandes colecções das bibliotecas, por si só, não resolvem o problema das necessidades de informação da sociedade académica nepalesa, uma vez que existe uma constante falta de informação actualizada e de qualidade. As novas tecnologias da informação estão a ajudar a reduzir o défice de informação, mas a implementação destas aplicações tecnológicas é muito problemática nas bibliotecas universitárias nepalesas.

As velhas tradições na gestão das colecções das bibliotecas, a falta de conhecimentos do pessoal das bibliotecas sobre a utilização das modernas tecnologias da informação e a má situação financeira das instituições-mãe são apenas alguns dos problemas que constituem grandes obstáculos à introdução das novas tecnologias da informação nas bibliotecas científicas do Nepal. As bibliotecas enfrentam os seguintes desafios:

4.20 . 1. o desafio tecnológico

A automatização das bibliotecas é bem sucedida através do trabalho de hardware, software e pessoas. O desafio tecnológico é uma questão importante para a automatização das bibliotecas no Nepal. O fosso digital nas bibliotecas académicas do Nepal vai desde a disponibilidade de infra-estruturas para a utilização das TIC até ao pessoal qualificado capaz de responder aos novos desafios tecnológicos que estas bibliotecas enfrentam. A tecnologia emergente, a alteração das condições e as necessidades dos utilizadores estão constantemente a redesenhar as linhas de inovação, oferecendo novos desafios e oportunidades. Nesta situação, a atualização de hardware e software torna-se praticamente impossível, uma vez que as bibliotecas se vêem hoje confrontadas com o planeamento da automatização num ambiente tecnológico incerto e em rápida mutação. Para as bibliotecas científicas, o passado foi muito difícil, o presente é incómodo e o futuro é incerto.

4.21 .2. falta de recursos

A falta de financiamento é um grande desafio para as bibliotecas do Nepal. A falta de dinheiro e de recursos de informação tem sido um problema para as bibliotecas científicas desde há muitos anos. A maioria das universidades e colégios públicos do Nepal são organizações sem fins lucrativos. Recebem o seu financiamento do governo e não desenvolveram estratégias viáveis de geração de rendimentos para complementar o financiamento público. A automatização das bibliotecas exige custos iniciais significativos e custos de manutenção contínuos. Quando a automatização foi introduzida nas bibliotecas, o principal objetivo era reduzir os custos com pessoal e melhorar a eficiência dos processos internos. Este grande esforço financeiro

Os investimentos não devem ser feitos com o objetivo de reduzir os custos de funcionamento da biblioteca, mas sim para melhorar o acesso à diversidade das colecções.

4.22 . 3. falta de conhecimentos especializados

Foram alcançados alguns resultados notáveis com software muito primitivo, e tudo graças às competências de profissionais conhecedores, confiantes e práticos. A confiança resulta da combinação correcta de competências, conhecimentos e experiência. Um profissional confiante é aberto, partilha experiências com outros e esforça-se por colaborar e coordenar esforços. Estas últimas competências são em grande parte pessoais e dependem de traços de personalidade. A falta de profissionais é um grande problema nas bibliotecas nepalesas, especialmente nas instituições académicas. No domínio do LIS, há necessidade de conhecimentos multidisciplinares para combinar as tecnologias da informação com o LIS. A falta de aconselhamento e apoio pode levar à seleção de hardware e software inadequados, o que teria um impacto na biblioteca e nos seus utilizadores.

4.23 . 4. falta de formação

A maior parte do pessoal das bibliotecas científicas recebeu formação em biblioteconomia tradicional. É difícil para eles lidar com as exigências da era eletrónica. A maioria das instituições académicas não dá prioridade à formação interna e externa do pessoal das bibliotecas. As pessoas mais importantes que contribuem para o sucesso da informatização das bibliotecas são os bibliotecários. Estes conhecem muito bem o seu trabalho e devem estar na melhor posição para decidir quais as funções que devem ser informatizadas e quais as que não devem. É importante ter consciência de que os bibliotecários não poderão utilizar o equipamento informático enquanto não tiverem os conhecimentos necessários para o utilizar. Por conseguinte, antes de fornecer o equipamento, é necessário adotar medidas de formação para o desenvolvimento profissional dos bibliotecários.

A Universidade de Tribhuvan e o DLIS produzem, de facto, um certo nível de mão de obra formada, mas não é suficiente para cobrir as necessidades do país. Para além disso, muito poucas instituições oferecem formação em automatização de bibliotecas. TUCL, biblioteca nepalesa

A Associação de Bibliotecários da Universidade de Tribhuvan (Tribhuvan University Library Science Students alumni Association - TULSSA) oferece por vezes um curso básico de 35 dias em biblioteconomia, incluindo uma semana de WINISIS. A Health Net Nepal oferece por vezes formação em automatização para a introdução de novo software. No entanto, há necessidade de formação a curto prazo, formação a longo prazo, formação no local de trabalho e formação fora do local de trabalho para ajudar os bibliotecários a mudar as suas atitudes e a reestruturar os serviços tradicionais de modo a corresponderem às técnicas desenvolvidas noutras disciplinas.

4.24 . 5. falta de interesse

Em algumas bibliotecas, os profissionais de LIS têm demonstrado falta de interesse em desenvolver bibliotecas informatizadas. Continuam a pensar na biblioteca como um armazém de livros. Não fazem concessões quando se trata de comprar livros, CDs e revistas caras, mas não acham que ela deva ser bem organizada, automatizando todos os procedimentos da biblioteca para um serviço melhor e mais rápido.

4.25 Política Nacional de Informação (PNI)

Uma política nacional de informação (PNI) garantiria o acesso a conhecimentos profissionais e especializados a nível mundial, uma vez que o desenvolvimento de cada país depende diretamente do planeamento e da política do governo desse país. Por conseguinte, é muito importante desenvolver uma política nacional de informação a fim de aumentar a flexibilidade e o dinamismo da sociedade nepalesa e permitir-lhe enfrentar os desafios do futuro. Uma política de informação é, pois, indispensável para formular orientações fundamentais e para criar e manter um quadro coerente que responda às necessidades da política de desenvolvimento e da cultura. O Nepal ainda não dispõe de uma organização responsável pela elaboração da PNI e pela coordenação das actividades. Está prevista a aplicação da política por fases, a elaboração de normas mínimas para todos os níveis e tipos de LICS e a criação de mecanismos de controlo regular dos serviços.

4.26 Competências/educação em matéria de TI

Muitos funcionários das bibliotecas universitárias não têm conhecimentos de informática. Este facto constitui um grande obstáculo à informatização. Muitos são conservadores e tradicionais e sofrem de fobia informática. Embora a utilização de informação eletrónica aumente a satisfação profissional dos bibliotecários, a sua autoconfiança e a eficácia do seu trabalho, a falta de conhecimentos técnicos pode ser muito frustrante para os bibliotecários. Existe também uma falta de apoio técnico. Poucos bibliotecários têm formação formal para iniciar, desenvolver, implementar e manter aplicações informáticas em todo o sistema de bibliotecas universitárias.

4.27 . 8 Eletricidade

O fornecimento regular de eletricidade continua a ser um problema no Nepal. Os frequentes cortes de energia constituem um grave estrangulamento para a automatização. Os custos de funcionamento das centrais eléctricas são proibitivos.

4.28 . 9 LAN/WAN

A presença de uma rede universitária de área alargada (WAN) e de uma rede de área local (LAN) na biblioteca determina em grande medida o sucesso da informatização dos serviços da biblioteca. Este é um grande desafio para as universidades nepalesas. A maioria das universidades e dos campus não dispõe de uma WAN ou LAN fiável. A LAN do campus é a instalação mais importante para permitir um acesso mais alargado à biblioteca e aos serviços de informação.

4.29 . 10. manutenção

As universidades e os colégios públicos do Nepal, em particular, são objeto de uma manutenção muito deficiente. As avarias e/ou falhas frequentes dos computadores e das redes constituem um problema grave. Devido à falta de orçamento, não existe um contrato anual para a manutenção dos computadores e das redes. Para fazer face ao crescimento da base de dados da biblioteca e para garantir que os dados possam ser introduzidos, pesquisados e consultados rapidamente através do OPAC, o equipamento informático tem de ser atualizado regularmente e de forma consistente.

4.30 História do software de automatização de bibliotecas

Os pacotes de software para bibliotecas não evoluíram de uma só vez. O estudo mostra que evoluíram em gerações e podem ser divididos em quatro gerações.

O software de primeira geração foi concebido para funcionar em plataformas de hardware específicas e sistemas operativos próprios. Era utilizada uma linguagem de programação de baixo nível e os sistemas de gestão de bases de dados não normalizados eram uma caraterística comum deste software. O módulo de circulação e o módulo de catalogação constituíam o principal objetivo destes sistemas. Embora estes pacotes fossem sistemas baseados em módulos, havia pouca ou nenhuma integração entre os módulos. A estrutura de utilizador único foi utilizada nesta geração.

A segunda geração de pacotes de software de biblioteca tornou-se móvel entre diferentes plataformas com a introdução dos sistemas baseados em UNIX e DOS. O número de utilizadores é limitado e as estruturas podem ser partilhadas. As características especiais destes pacotes de software são a capacidade de mudar de um sistema para outro para determinadas funções. Funções controladas por instruções ou menus podem ser encontradas nesta geração. A capacidade de armazenamento de dados foi melhorada.

Os pacotes de software de gestão de bibliotecas de terceira geração oferecem sistemas totalmente integrados. Baseiam-se numa estrutura de base de dados relacional. Esta geração utilizou a quarta geração de linguagens de programação. Estes pacotes de software introduziram uma série de normas que representaram um passo importante para a Interligação de Sistemas Abertos (OSI). As interfaces de utilizador gráficas e a cores (GUI), como janelas, ícones, menus e manipulação direta, tornaram-se a norma e o padrão durante esta fase. A assistência ao utilizador foi amplamente desenvolvida.

Devido às melhorias tecnológicas, as funções da quarta geração de software de gestão de bibliotecas baseiam-se numa arquitetura cliente-servidor e facilitam o acesso a outros servidores através da Internet. Nesta geração, foram introduzidos um sistema de gestão de bases de dados orientado para objectos e um sistema operativo Windows. Estes sistemas permitem a utilização de múltiplas fontes através de uma interface multimédia. A criação de relatórios personalizados foi também possível nesta fase. Além disso, o software de automatização de bibliotecas mais recente permite criar relatórios personalizados, manipular dados e estudar diferentes cenários, pelo que tem potencial para ser utilizado como ferramenta de apoio à decisão. No quadro A é apresentado um quadro comparativo das características e funções dos programas informáticos das quatro gerações diferentes. Este quadro mostra que o software de biblioteconomia tem um desempenho superior ao das gerações anteriores.

Quadro C: Quadro comparativo das características e funções do software

Características	[st]1 Geração	[nd]2 Geração	[rd]3 Geração	[th]4 Geração
Linguagem de programação	Linguagem simples	COBOL, PASCAL, C	4 Geração de línguas	OOPS
Sistema operativo	Internamente	Específico do fornecedor	UNIX, MS DOS	UNIX, Windows
SGBD	Não normalizado	Modelo hierárquico e modelo de rede	Modelo entidade-relacionamento	Modelo orientado para os objectos
Importação/exportação	Não	Limitada	Padrão	Totalmente integrado e sem falhas
Comunicação	Limitada	Algumas interfaces	Padrão	Conectividade total através da Internet
Portabilidade	Dependente da máquina e específico do equipamento	Independente da máquina mas dependente da plataforma	Todos os fornecedores	Multi-construtor e multiplataforma
Relatórios	Formato fixo e campos limitados	Formato fixo e campos ilimitados	Criar relatórios personalizados	Relatórios personalizados com interface de correio eletrónico
Cor	Não	Não	Disponível em	Totalmente disponível com multimédia
Capacidade do ficheiro	Limitada	Melhora	Ilimitado	Ilimitado
Integração de módulos	Não	Pontes	Sem costuras	Sem costuras
Arquitetura	Autónomo	Município	Distribuído	Cliente-servidor
Interface	Controlo por comando (CUI)	Orientado por menus (CUI)	Controlado por ícones (GUI)	Conduzido por ícones com a Web e multimédia (GUI)
Apoio ao utilizador	Utilizador único	Número limitado de utilizadores	Número ilimitado de utilizadores	número ilimitado de utilizadores
Suporte multilingue	Não	Limitado (por suporte de hardware)	Padrão	Base de dados UNICODE

Fonte: Mukhopadhyay, (2005). Progress of Library management software: an Indian Scenario, http://drtc.isibang.ac.in., acedido em 5 de março de 2007. www.wikipedia.com

4.31 Características dos bons pacotes de software para bibliotecas

A biblioteca deve dispor do melhor software para realizar todas as suas actividades e satisfazer os seus utilizadores. Para além do armazenamento e da consulta, é necessário incluir outras funções no software. A informatização da instituição requer a aquisição de hardware e software.

O primeiro passo nesta direção é automatizar as várias bibliotecas e centros de informação e, para isso, cada organização deve seguir e cumprir determinadas normas. Existem várias formas de adquirir e melhorar um sistema de gestão de bibliotecas. (*Rowley, 1993)5*

1. Compra ou licença de um pacote de software comercial
2. Aderir a uma cooperativa ou utilizar o sistema cooperativo
3. Desenvolver o seu próprio sistema

Diferentes tipos de bibliotecas requerem pacotes de software de biblioteca de diferentes dimensões e capacidades. Por exemplo, as bibliotecas académicas, que têm de gerir grandes colecções e um grande número de empréstimos, necessitam de um pacote totalmente integrado com um bom tempo de resposta e funções de pesquisa poderosas, ao passo que as bibliotecas de investigação ou outras bibliotecas especiais, onde as colecções são limitadas mas os leitores têm necessidades muito específicas, necessitam de software com boas funções de pesquisa que melhore a pesquisa e apresente os resultados exatamente como devem ser (*Ahmad, 1993*).

Embora existam directórios de software com nomes e dados comerciais, estes não ajudam o bibliotecário a fazer uma escolha crítica. É evidente que, olhando para a brochura ou demonstrando o software na imagem, não é possível identificar as capacidades internas e os inconvenientes do software. Alguns dos aspectos mais importantes e fundamentais, como a facilidade de introdução de registos, a edição, a navegação com o cursor, o tempo de reação e a facilidade de utilização, só podem ser experimentados através da utilização do software.

Software. O software deve ser testado através de exemplos concretos, introduzindo e manipulando várias dezenas de conjuntos de dados nos pacotes (*Ahmad, 1993*).

Um pacote de software utilizado para o trabalho e os serviços da biblioteca deve ter, pelo menos, as seguintes características **(Sharma, 1993)**

4. Características do sistema de gestão de bases de dados (SGBD)
5. Integração de alto nível
6. Capacidade de introduzir dados

7. Atualização/modificação de dados

8. Pesquisa/pedidos

9. Relatório/Exibição/Impressão

10. Orientado por menus e fácil de utilizar

11. Compatibilidade

12. Reputação do patrocinador

13. Possibilidade de variações locais

4.32 Funções dos pacotes de software de automatização de bibliotecas

Um bom pacote de software para bibliotecas deve abranger todas as actividades da biblioteca. As principais funções dos pacotes de software podem ser enumeradas da seguinte forma:

4.32.1 Aquisições

Este módulo automatiza o processo de encomenda de livros, mantém um registo dos títulos encomendados e permite um controlo rigoroso dos orçamentos. As aquisições estão geralmente ligadas ao módulo de catalogação, o que facilita a verificação, antes da encomenda, da inexistência de duplicados e permite aos utilizadores da biblioteca visualizar (e muitas vezes reservar) os títulos encomendados. Quando a encomenda é feita, é criado um breve registo no catálogo, permitindo que o suporte circule assim que chega à biblioteca.

4.32.2 Catalogação

É geralmente o módulo central de um sistema de biblioteca automatizado, sem o qual os outros módulos não funcionam. É utilizado para criar registos bibliográficos, importá-los para o sistema e definir parâmetros para esses registos. Em geral, é possível pesquisar o catálogo através de um sistema baseado em menus ou comandos. Estes sistemas são geralmente suficientemente flexíveis para permitir a escolha da forma como a informação é apresentada num registo. Estes registos também podem ser editados e eliminados e podem oferecer a possibilidade de introduzir resumos e texto livre.

4.32.3 Tráfego

O módulo de empréstimos é utilizado para empréstimos, devoluções de livros ou outras colecções, prorrogações, reservas, artigos em atraso e cálculo de taxas de aviso. Também pode ser utilizado para criar notificações para os membros da biblioteca. Pode definir períodos de empréstimo e tipos de membros.

4.32.4 Gestão de séries

O módulo de série, por vezes integrado no módulo de aquisição, permite registar novas edições de revistas ou jornais sem ter de introduzir manualmente os detalhes de cada edição. Prevê quando os artigos chegarão e pode criar reclamações automáticas para artigos não recebidos. A maioria dos sistemas também cria listas de distribuição interna para revistas.

4.32.5 Catálogo em linha acessível ao público (OPAC)

O OPAC faz por vezes parte do módulo de catalogação, mas em alguns sistemas é um módulo independente. Permite que os utilizadores da biblioteca pesquisem o catálogo através de um ambiente de pesquisa mais fácil de utilizar do que o próprio módulo de catalogação, com uma interface baseada em menus ou ao estilo do Windows. O tipo de pesquisa que pode ser efectuada é definido pelo sistema ou pela biblioteca.

4.32.6 Gerador de relatórios

Uma função de elaboração de relatórios é muitas vezes oferecida como um módulo autónomo, embora muitos sistemas integrem funções de elaboração de relatórios nos seus outros módulos, por exemplo, os relatórios de empréstimos são criados a partir dos módulos de empréstimos, os relatórios de inventário a partir do módulo de catalogação, etc. Um módulo de elaboração de relatórios separado permite muitas vezes uma maior flexibilidade no tipo de relatórios que podem ser gerados pelo sistema, mas pode também envolver mais trabalho de configuração. Um módulo de relatórios separado permite muitas vezes uma maior flexibilidade no tipo de relatórios que podem ser gerados pelo sistema, mas pode também envolver mais trabalho de configuração.

4.32.7 Empréstimos à distância

Este módulo inclui a criação de pedidos a outras bibliotecas, a notificação dos utilizadores sobre a disponibilidade de itens e a manutenção de um registo de pedidos de itens, empréstimos e devoluções.

4.32.8 Informação comunitária

Este módulo regista e segue os nomes e endereços dos contratos, bem como os das organizações locais, e permite que uma determinada biblioteca desenvolva a sua própria base de dados de informações que deseja oferecer ao seu público.

4.32.9 Importação/exportação

Este módulo permite importar e exportar registos de catálogo de/para o sistema no formato UKMARC e para outros sistemas, por exemplo, o catálogo GCS. Dado que o sistema GCS contém registos em formato UKMARC, é importante que o software disponha desta funcionalidade.

4.32.10 Serviço de encaminhamento

É útil para responder às perguntas dos utilizadores e fornecer-lhes as informações de que necessitam.

Capítulo 5

5. Instituições académicas envolvidas no estudo

O plano era estudar todas as bibliotecas universitárias do Nepal e o software de automatização de bibliotecas que utilizam. Mas ao entrevistar e observar, o estudo obrigou-me a incluir algumas outras bibliotecas universitárias, uma vez que muito poucas bibliotecas universitárias estão automatizadas e isso não é suficiente para cumprir o objetivo do estudo.

5.1 Universidade de Tribhuvan (TU)

Fundada em 1959, a Universidade de Tribhuvan é a primeira universidade em Kirtipur, cinco quilómetros a sudoeste da capital. A UT tem 61 campus e 348 instituições de ensino superior afiliadas. Atualmente, existem cinco faculdades, quatro institutos e quatro centros de investigação, bem como um gabinete central da UT. As faculdades e as instituições afiliadas têm as suas próprias bibliotecas, que podem ser descritas como bibliotecas separadas. Atualmente, cerca de 1,53,126 (UGC 2005-2006) estudantes e 6,000 professores são responsáveis pelas tarefas académicas.

A Biblioteca Central da Universidade de Tribhuvan (TUCL) foi fundada juntamente com a universidade em 1959. A biblioteca começou com uma coleção de 1.200 volumes. Atualmente, a coleção inclui mais de 3.00.000 volumes de livros. Para além disso, existem mais de 25.000 (UGC 2005-2006) volumes de periódicos devolvidos. Mais de 450 títulos de periódicos são comprados todos os anos por subscrição ou como ofertas. É a maior biblioteca do Reino Unido em termos de acervo, serviços e membros.

A biblioteca utiliza o sistema de classificação decimal de Dewey para organizar os livros nas prateleiras. Além disso, mantém o sistema tradicional de fichas de catalogação para a pesquisa de material. Além disso, desde 1995, oferece a possibilidade de pesquisar bases de dados através do OPAC (Online Public Access Catalogue). Sobre o Instituto

50 000 itens de biblioteca, incluindo livros, teses, relatórios, etc., estão informatizados utilizando os pacotes de software CDS/ISIS e WINISIS. A TUCL será uma biblioteca totalmente automatizada, utilizando o novo software de gestão de bibliotecas denominado Lib Info. A biblioteca emprega 79 funcionários a tempo inteiro. Destes, 12 são especialistas, dois são funcionários administrativos e outros são auxiliares.

Programa de Melhoria da Informação sobre Investigação (PERI)

O TUCL é o instituto coordenador nacional da Rede Internacional para a Disponibilização de Publicações Científicas (INASP). O PERI é um dos programas da INASP. Como parte deste programa, o TUCL oferece uma base de dados de texto integral de mais de 25.000 revistas científicas de alta qualidade de todo o mundo, bem como acesso ao conteúdo e resumos de 20.000 revistas científicas de várias bases de dados, disponíveis no sítio Web do TUCL: http://www.tucl.org.np.

5.2 Universidade de Katmandu (KU)

A Universidade de Katmandu é uma instituição pública autónoma, sem fins lucrativos e não governamental, criada em 1991. Está localizada em Dulikhel, Kavre, e oferece vários programas intermédios, de fundação, de diploma e de pós-graduação em ciências, engenharia, medicina, gestão, educação, farmácia, ambiente, música, recursos humanos e naturais, tecnologias da informação e biotecnologia. A KU tem 6 escolas e 11 faculdades afiliadas. Para além dos 2.500 **(UGC 2005-2006)** estudantes nas escolas afiliadas da KU, 2.700 estudantes estudam nas faculdades afiliadas (http:// ku.edu.np).

A Biblioteca Central da Universidade de Katmandu (KUCL) possui cerca de 40 000 suportes, incluindo livros, cassetes de vídeo e áudio, CD-ROM, jornais e revistas. Um profissional, um paraprofissional e cinco não-profissionais a tempo inteiro estão empregados em diferentes departamentos e servem investigadores, membros do corpo docente, estudantes e outro pessoal administrativo. A biblioteca também dá acesso aos recursos PERI.

A Biblioteca Central da KU utilizava anteriormente o CDS/ISIS para armazenamento e recuperação de informação. A universidade adquiriu o Software para Bibliotecas Académicas (SOUL), desenvolvido pelo Centro INFLIBNET, UGC da Índia, e instalado em três bibliotecas diferentes da KU, nomeadamente a Biblioteca Central, a Biblioteca KUSMS e a Biblioteca de Gestão e Educação, tornando a Biblioteca da KU a primeira biblioteca académica do Nepal a utilizar a automatização de bibliotecas. O catálogo de acesso público em linha (OPAC) baseado na Web é uma caraterística notável do software que permite ao utilizador determinar as suas necessidades e o seu estatuto em linha.

5.3 Universidade Sânscrita Mahendra

A Universidade Mahendra Sanskrit é a segunda universidade do Nepal, fundada em 1985. Está situada no distrito de Dang, na zona de Rapti e na região do Centro-Oeste. Há um total de 24 universidades constituintes e afiliadas localizadas em diferentes partes do país. **(UGC 2005-2006)**. Atualmente, há 1.250 estudantes a estudar na universidade. A universidade foi criada para oferecer ensino superior em sânscrito e desenvolveu o conceito de biblioteca desde o início. A universidade também oferece formação linguística em sânscrito e formação em Karma Kanda.

A biblioteca da universidade possui uma boa coleção de livros, revistas e outros materiais de investigação. Desde a sua criação, todas as instituições afiliadas também oferecem serviços de biblioteca aos estudantes e membros do corpo docente, prestados por bibliotecários profissionais, embora ainda se encontrem numa fase inicial de desenvolvimento no domínio da tecnologia da informação.

5.4 Universidade de Purbanchal

A Universidade de Purbanchal é uma universidade comunitária, fundada em 1995 como a quarta universidade do Nepal. Está situada em Biratnagar, na parte oriental do Nepal. Tem dois campi fundadores e 71 campi afiliados no país. Tem 8812 estudantes **(UGC)** e 376 professores. Foram criadas bibliotecas em todos os locais, mas estas ainda se encontram numa fase inicial de desenvolvimento. Consequentemente, as suas colecções, serviços, gestão e empenho profissional são muito deficientes.

5.5 Universidade de Pokhara

A Universidade de Pokhara é uma universidade comunitária fundada em 1997 na parte ocidental do Nepal. Na sua estrutura atual, tem 29 campi constituintes e afiliados

(UGC) É UMA DAS UNIVERSIDADES DA REGIÃO. Tem 5207 estudantes. A sua principal missão é produzir os recursos humanos qualificados necessários ao desenvolvimento nacional através de uma formação de qualidade. Para atingir estes objectivos, foi criado um currículo semestral e um sistema de avaliação, com uma forte ênfase no conhecimento prático e na investigação. A universidade criou três instituições académicas que oferecem cursos de licenciatura e de mestrado. Existem três departamentos: Ciência e Tecnologia, Estudos de Gestão e Humanidades e Ciências Sociais.

A biblioteca da Universidade de Pokhara tem 6 580 livros, 320 relatórios sobre vários temas e teses de licenciatura e doutoramento. É assinante de 10 revistas especializadas diferentes nos domínios da farmácia e da gestão, bem como de 30 revistas e jornais diferentes. A última versão do WINISIS é utilizada para pesquisar a base de dados bibliográfica da biblioteca. A biblioteca tem cerca de 500 utilizadores, entre estudantes, professores e outros.

5.6 Universidade de Siddhartha

A Universidade Siddhartha é a primeira universidade budista do Nepal. É apoiada por bhikkhus budistas e por nepaleses comuns, que assumem a responsabilidade pelo sucesso desta universidade budista, bem como pelo povo nepalês, o que se torna um motivo de orgulho e prestígio para este país. Está situada em Nala, Kavre, a cerca de 25 quilómetros de Katmandu. Até à data, a universidade ainda não iniciou qualquer programa académico.

5.7 Instituto de Ciências da Saúde B.P. Koiarala (BPKISH)

O Instituto de Ciências da Saúde B.P. Koiarala é o resultado de um acordo bilateral entre o Governo de Sua Majestade do Nepal e o Governo da Índia sobre a criação de um Instituto de Ciências da Saúde.

Medical College cum Hospital no Nepal. O acordo foi assinado em março de 1994. O instituto está situado no antigo campo Goppa do exército britânico, a sul da cidade de Dharan, no distrito de Sunsari, na zona de Kosi, no leste do Nepal. É a segunda escola de medicina do Nepal, depois do Instituto de Medicina da Universidade Técnica, e deverá acolher 40 estudantes por ano.

A biblioteca central do SIPVP desenvolveu-se a todos os níveis: colecções, serviços, pessoal e outras instalações. Os utilizadores da biblioteca incluem membros do corpo docente, residentes e médicos, estudantes de doutoramento, estudantes, pessoal paramédico, pessoal de enfermagem, enfermeiros, técnicos e outro pessoal de apoio. O acervo da biblioteca inclui obras de referência, livros emprestados (manuais escolares), livros não médicos, bibliotecas departamentais, publicações da OMS, teses e relatórios de investigação, bem como publicações internacionais e nepalesas.

Introduziu o CDS/ISIS para a base de dados bibliográfica e um novo software desenvolvido pela equipa Quick Solution para facilitar o empréstimo de acordo com as necessidades da biblioteca.

5.8 Outras instituições académicas (universidades)

5.8.1 Instituto de Ciências da Engenharia (IOE)

O Instituto de Engenharia (IOE) é uma das muitas instituições de ensino superior da Universidade de Tribhuvan (TU) e um dos quatro institutos técnicos da TU. O IOE é uma faculdade de engenharia pioneira no Nepal, fundada em 1942 como a Escola de Engenharia do Nepal. Oferece programas de licenciatura em engenharia civil, arquitetura, engenharia eléctrica, engenharia eletrónica, engenharia mecânica, ciências informáticas e agricultura. Oferece também mestrados em planeamento urbano, tecnologias da informação e da comunicação, engenharia civil, engenharia ambiental, gestão da água, geotecnia e energias renováveis. O IOU também oferece estudos de doutoramento em engenharia civil, engenharia eletrotécnica, engenharia mecânica e planeamento urbano.

A biblioteca do Institut des sciences de l'ingénieur (IOE) foi criada em 1971 d.C. Tem cerca de 72 000 volumes de livros, algumas publicações periódicas e 2 000 volumes de teses e dissertações. A biblioteca é utilizada por cerca de 1650 estudantes e 650 membros do corpo docente e do pessoal administrativo. O acervo da biblioteca está dividido em três secções diferentes. São elas a secção geral ou de empréstimo, a secção de atendimento e a biblioteca principal. Os livros são classificados de acordo com o SDC e utilizam o AACR-II. O software Library Management System (LMS) foi utilizado para automatizar a biblioteca. O IOE dispõe de uma ligação V-Sat e de um servidor próprios para os seus membros, com um serviço de

Internet 24 horas por dia para os seus membros académicos. Cada membro da biblioteca pode pesquisar o catálogo da biblioteca através do Campus-Web www.lms/ioe.edu.np.

5.8.2 Universidade Apex

Fundado em 2000, o Apex College está situado na antiga Baneshwore, em Catmandu, e está ligado à Universidade de Pokhara, uma instituição educativa moderna e dinâmica. A qualidade do ensino, a aprendizagem centrada no aluno, as excelentes instalações, as numerosas actividades extracurriculares, a mediação e os serviços académicos são as marcas da filosofia educativa da Apex. A Apex oferece um Master of Business Administration (MBA) de 2 anos, um Bachelor of Business Administration (BBA) de 4 anos, BBA-BI (Seguros Bancários), BCIS, BE com e BE Electronics and communication.

A biblioteca do Apex College dispõe de uma coleção adequada de livros, revistas, relatórios e teses. O acesso fácil a informações relevantes é essencial para uma formação de qualidade. O software Library Management System (LMS) foi utilizado para automatizar a biblioteca. A biblioteca possui 7000 volumes de livros, 31 revistas e mais de 100 teses.

5.8.3 Instituto de Formação Técnica (TITI)

A TITI, sediada em Katmandu, no Nepal, foi criada em 1991. Os seus programas e serviços são reconhecidos por um ato do Conselho para o Ensino e a Formação Técnica.

formação profissional (CTEVT). A TITI é apoiada pelo governo suíço através da Swisscontact, a fundação suíça para a cooperação técnica. Oferece formação a formadores, formadores técnicos e gestores, bem como a especialistas no desenvolvimento de programas de ensino profissional, no âmbito de programas e módulos regulares ou através de cursos de formação à medida. Os materiais didácticos únicos e de alta qualidade utilizados nos módulos foram adoptados por muitos países da Ásia e de todo o mundo. O programa de Licenciatura em Educação Técnica foi reconhecido pela Universidade de Katmandu em 2001. Este programa prepara os estudantes para carreiras nos sectores público e privado como formadores, professores ou instrutores em áreas técnicas. O programa completo divide-se em seis semestres. O número total de horas de crédito do programa é de 132.

A biblioteca TITI foi criada em 1991, ao mesmo tempo que a escola. Contém cerca de 6000 volumes de livros, 200 relatórios, numerosos outros documentos, cassetes áudio e vídeo e CDs. A biblioteca é utilizada principalmente pelos doutorandos do CTEVT, pelos instrutores e aprendizes do instituto de formação, pelos estudantes da licenciatura em tecnologia e pelo pessoal do TITI. Embora se trate de uma pequena biblioteca, foi utilizado o software de gestão de bibliotecas Alice for Windows para automatizar a biblioteca.

5.8.4 Público jovem

O campus público para jovens foi criado em 2030 e está localizado em Dhobichaur, Chhetrapati, Katmandu. É um campus da Universidade de Tribhuvan, que oferece cursos de gestão desde o nível intermédio até ao mestrado. Tem cerca de 5 000 estudantes. A biblioteca pública do campus para jovens contém cerca de 31 000 livros, revistas e teses. Um profissional a tempo inteiro, um paraprofissional e outros não profissionais trabalham em vários departamentos, tais como o departamento técnico ou de processamento, o departamento de empréstimo e o departamento administrativo, servindo investigadores, membros do corpo docente, estudantes e outro pessoal administrativo. A biblioteca instalou pacotes de software MIDAS LMS para automatizar a biblioteca.

Capítulo 6

6. Características dos pacotes de software de gestão de bibliotecas

O aparecimento de bibliotecas automatizadas no Nepal começou na década de 1990, quando a UNESCO deu o seu maior contributo para o desenvolvimento das bibliotecas nos países em desenvolvimento, introduzindo o Sistema de Base de Dados Informatizado/Sistema Integrado de Informação (CDS/ISIS). As versões DOS e Windows do CDS/ISIS foram utilizadas pelas bibliotecas nepalesas em combinação com os sistemas de informação bibliográfica para microcomputadores (MIBIS) e a estrutura de dados para os catálogos das suas bibliotecas e controlo de séries até ao advento das bases de dados comerciais.

Mas a evolução da biblioteca com os avanços da tecnologia mostrou que os bibliotecários não estavam satisfeitos com o CDS/ISIS e o WIN/ISIS, que não são software de biblioteca totalmente integrado para automatização. Como resultado, decidiram mudar para pacotes de software de gestão de bibliotecas comerciais e integrados baseados no Windows. Alguns dos softwares comerciais utilizados nas bibliotecas nepalesas são de origem indiana, como o SOUL, Alice Libsys, etc.

O Apex College desenvolveu um software de gestão de bibliotecas denominado LMS (Library Management System). Inicialmente, não era considerado um software comercial, mas como algumas bibliotecas académicas tomaram conhecimento das funções adequadas após a sua implementação, começaram a utilizar este software para automatizar as suas bibliotecas. Do mesmo modo, a Information Access Network (IAN), uma empresa privada, lançou a versão 1.0 do Libinfo para a automatização de bibliotecas e centros de recursos, que suporta fontes inglesas e Devnagari. Para além disso, o MIDAS LMS foi desenvolvido pela MIDAS Technology Pvt Ltd no Nepal e o LIS pela Universal Trading em Katmandu.

Este capítulo descreve as principais características e funções dos vários pacotes de software de biblioteca.

6.1 CDS/ISIS

A forma completa do CDS/ISIS é Computerized Documentation System/Integrated set of information System ou simplesmente ISIS. Foi concebido e desenvolvido pela Divisão de Aplicações e Desenvolvimento de Software da UNESCO, o Gabinete de Serviços de Programas e Informação. A versão Windows chama-se WINISIS.

Trata-se de um sistema geral de armazenamento e recuperação de informação, orientado por menus, especialmente concebido para a gestão informatizada de bases de dados estruturadas e não numéricas.

(**UNESCO, 1989**). [nd rd 3] A primeira versão do CDS/ISIS foi publicada em 1985, a versão 2.3 em 1989 ( ), a versão 3.07 em 1992 ( ) e a última versão 3.08 está atualmente disponível. Os utilizadores do ISIS incluem todos os tipos de bibliotecas, uma vez que o software é distribuído gratuitamente. Mais de 5 000 bibliotecas em todo o mundo são utilizadores licenciados. Trata-se de uma base de dados não digital, especialmente concebida para registos bibliográficos e multilingue. Uma base de dados pode conter 16 milhões de registos. Oferece campos de comprimento variável, campos repetíveis e subcampos. Dispõe de poderosas técnicas de indexação e pesquisa. Dispõe de um ficheiro de palavras de paragem. A programação avançada pode ser efectuada em linguagem PASCAL. O intercâmbio de dados pode ser efectuado em conformidade com a norma internacional ISO 2709 (**Sharma, 1993)**. Pode funcionar numa rede local. Está disponível uma vasta documentação. Embora o CDS/ISIS não possa efetuar facilmente todas as operações orçamentais, a sua utilização está a aumentar rapidamente. Os distribuidores nacionais deste software na Índia são o NISSAT, que o distribui gratuitamente às bibliotecas interessadas; o NISSAT também financia e concede subsídios a várias organizações para organizarem acções de formação para o pessoal das bibliotecas sobre a utilização do CDS/ISIS. A DESIDOC desenvolveu um novo pacote baseado no CDS/ISIS, denominado Sanjay.

No Nepal, os centros de distribuição são o ICIMOD e a RONAST. Muitas associações de bibliotecas nepalesas oferecem cursos sobre o CDS/ISIS e centenas de bibliotecários receberam formação para se tornarem utilizadores.

Características

1. O sistema permite aos utilizadores criar bases de dados não numéricas
2. Gestão de registos, campos e subcampos de comprimento variável
3. Processamento de campos repetitivos
4. Os dados são criados e modificados na folha de cálculo para a introdução de dados.
5. A base de dados pode conter mais de 1,60,000,000 (16 milhões) de registos.
6. Permite aos utilizadores criar a sua própria base de dados
7. Função de ordenação e impressão no formato pretendido (formato de catálogo ou índice)
8. As suas funções de indexação são extremamente fiáveis e rápidas
9. As suas funções de pesquisa são simples, precisas e rápidas
1.1 A linguagem de programação de aplicações integrada no CDS/ISIS permite aos utilizadores introduzir novo software.
11. Compatibilidade entre as versões DOS e Windows
12. Poderosa função de hipertexto para a conceção de interfaces de utilizador complexas
13. Os dados podem ser importados e exportados no formato ISO-2709.

6. 2 WINISIS

A versão em janela do CDS/ISISISIS, desenvolvida e lançada pela UNESCO em junho de 1997, chama-se WINISIS e tem um certo número de características adicionais úteis. A primeira versão em janela foi distribuída em maio de 1995 para efeitos de teste e a primeira versão oficialmente lançada do WINISIS foi a versão 1.31, introduzida em novembro de 1998. O WINISIS utiliza a mesma estrutura de base de dados que o CDS/ISIS. As bases de dados criadas com a versão DOS do CDS/ISIS não necessitam de ser alteradas para serem tratadas pela versão Windows deste sistema. O WINISIS, que é totalmente compatível com a versão MS-DOS do CDS/ISIS, foi concebido tanto para os utilizadores MS-DOS que pretendem passar para o ambiente Windows como para os novos utilizadores. Contém todas as funções da versão MS-DOS

com exceção de alguns utilitários de base de dados, como a reposição da base de dados. O WINISIS é escrito em C++, o que facilita a portabilidade.

Características do WINISIS

1. Uma linguagem de programação de aplicações integrada (CDS/ISIS Pascal e a biblioteca de ligação dinâmica CDS/ISIS (ISIS_DLL))
2. Permite aos utilizadores criar bases de dados relacionais
3. As poderosas funções de hipertexto podem ser utilizadas para conceber interfaces de utilizador complexas.
4. Compatibilidade entre as versões DOS e Windows
5. o tamanho máximo dos registos foi quase quadruplicado (30 Kb na versão Windows em comparação com 8 Kb nas versões DOS)
6. Disponibilidade de uma interface gráfica do utilizador (GUI)
7. Aumento do comprimento do formato (até 26.000 caracteres) e da saída (até 64.000 caracteres)
8. Disponibilidade de novas funções numéricas e de cadeia de caracteres.
9. Para os utilizadores inexperientes do pacote, está disponível uma interface de pesquisa guiada, para além da interface de pesquisa padrão.

6.3. Software para bibliotecas universitárias (SOUL)

O SOUL é um software de automatização de bibliotecas concebido e desenvolvido pela INFLIBNET, UGC, Índia (Aryal, 2006). É um software de fácil utilização, concebido para funcionar num ambiente cliente-servidor.

Tem a possibilidade de converter retroativamente o CDS/ISIS. Em 2004, a Universidade de Katmandu pôs em funcionamento o SOUL, entrando assim na fase de automatização da biblioteca. Dispõe de vários módulos, tais como aquisição, empréstimos, catalogação, controlo de séries e o módulo de Catálogo de Acesso Público em Linha (OPAC).

Características da SOUL

1. Software de fácil utilização baseado no Windows, ecrãs bem concebidos e funções organizadas de forma lógica com muitas mensagens de ajuda.
2. Baseado numa arquitetura cliente-servidor que proporciona escalabilidade aos utilizadores.
3. Utilização de RDBMS para a organização e consulta de dados

4. Não é necessária qualquer formação aprofundada para o utilizar.

5. Especialmente concebido para utilização em grandes bibliotecas científicas, uma vez
    que é capaz de processar grandes conjuntos de dados.

6. Software multi-utilizador e multilingue

7. Suporta normas internacionais bem conhecidas, tais como CCF, MARC 21 e AACR-2,
    etc.

8. Oferece capacidades de exportação e importação e está em conformidade com o
formato ISO 2709

9. OPAC versátil e fácil de utilizar com todas as opções integradas

10. OPAC acessível através da Internet

11. Oferece uma lista completa de relatórios, bases de dados principais e ficheiros de
autoridade

12. Permite-lhe criar, visualizar e imprimir gravações em Devanagari e noutras línguas
    regionais indianas.

13. Funcionalmente, abrange todas as actividades concebíveis de uma biblioteca
universitária

14. Custo acessível

15. Testado exaustivamente em várias bibliotecas universitárias e avaliado criticamente
    por uma equipa de especialistas e bibliotecários da área.

6. 4. Alice para Windows (AFW)

O Alice foi desenvolvido em 1983 pela Softlink International Australia. É conhecido
mundialmente como Alice for Windows. É comercializado por várias agências. Na Índia, este
pacote de software é distribuído pela Softlink Asia Pvt. Ltd. em Nova Deli. O software é
adequado para todos os tipos de bibliotecas, tais como escolas primárias e secundárias públicas
e privadas, universidades, bibliotecas públicas, livrarias, centros de formação, instituições de
caridade, hospitais, prisões, escritórios de advogados, forças policiais, empresas industriais,
consultoras e palácios. **(Softlink, 1999)**

O software também está incluído no pacote de demonstração. De acordo com a brochura, a taxa
anual de apoio/manutenção oferece às bibliotecas horas ilimitadas de apoio. Este pacote de
automatização está disponível em quatro versões diferentes: versão para bibliotecas públicas,
versão para bibliotecas especiais, versão para bibliotecas científicas e versão para bibliotecas

escolares.

O software inclui uma série de módulos, classificados da seguinte forma:

Módulos padrão
Módulos de gestão, de empréstimo e de pesquisa (OPAC)

Módulos avançados
Aquisição, controlo de séries, indexação de periódicos, multimédia, módulo de pesquisa na
Web

Módulos especiais
Funções multilingues, auto-distribuição, catálogo de união, fotos rápidas. Módulos

Oferece proteção de dados, a possibilidade de conversão numa data posterior e um sistema de
ajuda e tutorial em linha. Permite que as bibliotecas adquiram apenas os módulos que satisfazem
as suas necessidades. Como resultado, o pacote tem uma funcionalidade incorporada que permite
às bibliotecas responder às necessidades em constante mudança dos seus utilizadores. Para além
dos materiais tradicionais da biblioteca, este pacote LMS oferece a possibilidade de gerir
diapositivos, cassetes de áudio e vídeo, documentos em papel recortados, mapas, diagramas,
documentos electrónicos e sítios Web. O acesso ao sistema é controlado por um sistema de
senhas de vários níveis. O acesso só de leitura aos itens do menu também é possível neste pacote.

Os ficheiros de autoridade estão disponíveis para todos os campos correspondentes. Isto permite
manter a coerência aquando da introdução dos itens. As referências a "Ver" e "Ver também"
podem ser incluídas no ficheiro de autoridade especializado. A localização dos documentos na
biblioteca também pode ser indicada através do mapa da biblioteca. O Alice para Windows
suporta um total de onze critérios de pesquisa para pesquisar a base de dados online ou offline.
O Alice tem uma capacidade de armazenamento de

Faltam 99 registos. Ajuda a criar relatórios para além dos 800 relatórios pré-formatados
disponíveis no kit padrão.

O software oferece uma série de serviços de apoio, incluindo um programa de formação, um sistema de feedback através de grupos de utilizadores, boletins informativos gratuitos (Softlink, 2000), etc. O software oferece três tipos de programas de formação em função das necessidades do utilizador: formação inicial, formação avançada e formação em burótica. Módulos AFW para uma biblioteca científica :

- Aquisição
- Administração
- Tráfego
- Pedido
- Publicações periódicas
- Indexação de publicações periódicas
- Pedido na Web
- Um rápido olhar para trás
- Empréstimo interbibliotecas
- Cartuchos de autocontrolo

As principais características do Alice para Windows são descritas abaixo:

1. Montagem modular e orientada por menus
2. Suporta a tecnologia de código de barras
3. Funciona em ambientes de utilizador único e multiutilizador com Novell Netware/Windows 2000
4. Possui uma função retroactiva rápida e uma função especial de proteção de dados
5. Controlado por menus - para utilização pelo pessoal da biblioteca e pelos utilizadores
6. Tem várias opções de pesquisa
7. Função multimédia - digitalização de dados, vídeos, gráficos, fotografias e clips de som em conjuntos de dados
8. Funções especiais de cópia de segurança dos dados - faz uma cópia de segurança dos dados até ao último registo introduzido em caso de falha de energia
9. Módulos de aprendizagem integrados e ajuda
10. Documentação completa - manual de referência, manuais de aprendizagem
11. Facilita a importação e exportação de dados

6.5. LibInfo

A Information Access Network (IAN) é uma empresa privada fundada por jovens cientistas da informação com uma equipa de bibliotecários, engenheiros de software, arquitectos e especialistas em gestão. Pela primeira vez no Nepal, a IAN lançou a versão 1.0 do LibInfo (**LibInfo manual**) para bibliotecas e centros de recursos, que suporta fontes inglesas e Devnagari. Pode funcionar em qualquer ambiente, tanto num único computador como numa rede (LAN/WAN). A Biblioteca Central da Universidade de Tribhuvan, a Faculdade de Medicina do Nepal, a Biblioteca do Supremo Tribunal e várias outras bibliotecas começaram a utilizar o software.

Características da LibInfo

1. O empréstimo inclui o registo e o empréstimo de livros, tornar-se membro e reservar recursos.
2. A catalogação inclui uma descrição pormenorizada dos procedimentos de catalogação dos recursos da biblioteca.
3. A coleção inclui todos os livros da biblioteca, os livros em falta, etc.
4. A função de relatório fornece estatísticas gerais sobre a biblioteca, incluindo o número total de membros, os livros entregues por cada docente, as receitas da biblioteca e os títulos de livros e outros recursos da biblioteca mais frequentemente utilizados.
5. O software está integrado no sistema de códigos de barras

6.6. Sistema de gestão de bibliotecas MIDAS (MIDAS LMS)

O sistema de gestão de bibliotecas MIDAS foi desenvolvido pela MIDAS Technology Private Ltd, Nepal. Pode ser executado num único computador ou numa rede. Pode gerir todas as actividades internas gerais da biblioteca, tais como aquisições, catalogação, etc,

serviços de empréstimo, controlo de séries e pesquisa de utilizadores. No entanto, não pode suportar alguns dos outros serviços avançados que estarão disponíveis no software de biblioteca moderno.

O Campus Público da Juventude, no Nepal, utilizou este software para automatizar a biblioteca. Características :

1. O MIDAS LMS é também um pacote de software modular

2. Facilita as actividades domésticas básicas da biblioteca.

3. Não suporta a tecnologia de código de barras

4. Funciona igualmente bem num ambiente de um ou vários utilizadores

5. Sem efeito retroativo e sem função especial de proteção de dados

6. Controlado por menus - para utilização pelo pessoal da biblioteca e pelos utilizadores

7. Função de pesquisa simples

8. Facilita a importação e exportação de dados

9. Facilita a criação de um relatório sobre as estatísticas da biblioteca

10. A coleção inclui todos os livros da biblioteca, os livros em falta, etc.

6.7. Sistema de gestão de bibliotecas (LMS)

O LMS é um software integrado de automatização de bibliotecas concebido para gerir grandes colecções em bibliotecas científicas. É um sistema multi-utilizador totalmente integrado que funciona em super, mini e micro computadores, incluindo PCs com Windows NT.

Trata-se de um software baseado na Web. É um software interno, concebido e desenvolvido pelo Appex College, Baneswor, Kathmandu. O Appex apoia a instalação do software LMS e o seu bom funcionamento no local através do seu grupo de apoio ao cliente. O LMS gere todas as actividades relacionadas com a biblioteca. Inclui os módulos de Aquisição, Catalogação, Circulação e Controlo de Publicações em Série, OPAC e Web-OPAC.

As principais características do LMS

1. Suporta Web-OPAC para acesso a bases de dados bibliográficas.

2. O software inclui imagens e interfaces multimédia com um motor de pesquisa LMS.

3. Fornece lembretes por correio eletrónico, etc.

4. Poderosa função de processamento de dados

5. Segurança definida pelo utilizador a nível do subsistema e da função

6. Procedimento de recuperação da base de dados

7. Suporte multilingue para línguas/scripts internacionais

8. oferece oportunidades de importação e exportação

9. Possibilidade de conversão retroactiva

10. Função de pesquisa

11. Índices pesquisáveis,

12. Lista exaustiva de relatórios, principais bases de dados e ficheiros administrativos

13. Custo acessível

O software é atualmente utilizado pelo Appex College e pelo Nepal Engineering College em Pulchok, Katmandu.

6.8. Sistema de bibliotecas (LIS)

O nome da aplicação principal deste sistema é Library System (LIS) com uma extensão EXE que deve ser selecionada como as outras aplicações. Foi desenvolvida pela Universal Trading Pvt Ltd (Universal Trading, 2007). Nepal. Está disponível tanto no menu do programa como no ambiente de trabalho. Este sistema foi desenvolvido com Visual Basic Dot Net em GUI com o apoio do Oracle Server. Funciona num ambiente GUI e requer uma impressora compatível com o Windows para editar relatórios, etiquetas e rótulos de livros.

Este sistema de bibliotecas inclui
- Informações pormenorizadas sobre o livro
- Registar como membro
- Edição e devolução de livros
- Opção de pesquisa
- Reservar um livro
- Criar relatórios
- Impressão de etiquetas e rótulos
- Identificação do código de barras

O armazenamento seguro, fiável e duradouro da informação tornou-se uma das principais aplicações dos sistemas informáticos desde a sua introdução. O objetivo da automatização é substituir o sistema manual da biblioteca por um sistema totalmente automatizado. Eis algumas das suas características

- Totalmente automatizado
- Informações completas sobre livros, relatórios, revistas, etc.
- Informações pormenorizadas sobre os membros
- Operações totalmente automatizadas de emissão, devolução e cálculo da multa para os livros recentemente devolvidos.
- Pode procurar livros e dados de membros em qualquer campo.
- Capacidade de produzir relatórios completos sobre os dados dos membros, os dados dos livros, os livros emitidos, os livros devolvidos, o número máximo de livros necessários e o cálculo completo das multas Impressão automática de etiquetas de livros
- Impressão automática de etiquetas de livros

Alguns outros programas informáticos no domínio das bibliotecas e das ciências da informação são apresentados a seguir.

6.9 KOHA

KOHA é o primeiro sistema integrado de biblioteca de código aberto do mundo. O seu nome deriva da palavra Maori para presente ou doação. Foi desenvolvido pela Katipo communications para a Horowhenua Library Trust. O Koha é atualmente gerido por uma equipa de programadores voluntários na Nova Zelândia, França, Canadá e Estados Unidos (koha.org).

Como o Koha é um software de código aberto, qualquer biblioteca pode utilizá-lo, uma vez que tenha sido desenvolvido para atender às suas necessidades. A maior biblioteca pública é geralmente

A biblioteca pública de Nelsonville, Ohio, EUA, usa KOHA com 250.000 títulos e 600.000 rotações por ano. Existe uma lista de correio eletrónico para a equipa de desenvolvimento. Também está disponível um grupo de utilizadores em linha e ajuda para os seus utilizadores. Foi publicado ao abrigo da Licença Pública Geral (GPL). A caraterística especial desta licença é que o programa pode ser utilizado, modificado e redistribuído gratuitamente. No entanto, não permite a distribuição e a indexação de documentos. Em princípio, foi concebido para ser utilizado no Linux, mas também pode ser instalado em sistemas com Windows 2000 e Windows NT. Este software depende de outros programas gratuitos, como o Apache Web Server, o Mysql ou outro sistema de gestão de bases de dados relacionais baseado em SQL, o Per Interpreter e os seguintes módulos Per. No que diz respeito ao tamanho da base de dados, um servidor grande com muita memória RAM aumentará a capacidade de dados. A última versão 2.2 suporta a importação e exportação de conjuntos de dados MARC e também a norma Z39.50. Estão disponíveis manuais e suporte à instalação. O Koha suporta todas as principais operações de gestão de bibliotecas, com exceção do controlo de série.

Os vários módulos suportados pelo Koha estão listados abaixo:

- Aquisição
- Tráfego
- OPAC
- Filiação
- Contas e relatórios
- Um catálogo de biblioteca front-end/OPAC
- Intranet do sistema de bibliotecas
- Um sistema de controlo da distribuição
- Um sistema de aquisição/orçamentação
- Uma interface de utilizador simples baseada na Web para clientes e funcionários da biblioteca
- A interface de pesquisa é fácil de personalizar
- Um sistema de aquisição simples para pequenas bibliotecas
- ser capaz de catalogar sítios Web como artigos normais
- OPAC baseado na Web e sistema de empréstimo

- Lembretes e multas automáticas
- Suporte para códigos de barras
- Gestão completa de MARC

A Health Net Nepal organizará em breve um programa de formação em software de fonte aberta KOHA para permitir que várias bibliotecas nepalesas utilizem gratuitamente o software Koha integrado.

6.10 PhPMyLibrary

PhpMyLibrary é uma aplicação de automatização de bibliotecas. O programa é composto por módulos de catalogação, empréstimo e WebPAC. O programa dispõe igualmente de uma função de importação-exportação. O programa cumpre rigorosamente a norma USMARC para adicionar material, ou seja, a catalogação oficial legível por máquina (MARC). A aplicação é muito popular em certos ambientes académicos, como as pequenas bibliotecas universitárias.

A PhPMyLibrary foi desenvolvida por Polerio T. Babao III como tese académica no Instituto de Biblioteconomia e Ciência da Informação da Universidade das Filipinas entre 1998 e 2003. Embora a primeira versão tenha sido publicada no Sourceforge.net em 2001, o código final foi finalizado em 2003 e publicado como um sistema de biblioteca de fonte aberta depois do Koha, o primeiro sistema de biblioteca de fonte aberta baseado em Perl. Atualmente, o PhpMyLibrary é utilizado em todo o mundo por pequenas bibliotecas que gerem entre 10 000 e 100 000 registos de catálogo. O PhpMyLibrary é atualmente um dos três sistemas de biblioteca de fonte aberta mais populares do mundo, que incluem o Koha, o OpenBiblio e o PhpMyLibrary. O software foi recentemente introduzido pela OMS, tendo sido organizado um programa de formação em Katmandu.

Além disso, existem alguns programas que não são utilizados atualmente, mas que são muito populares nos países asiáticos e poderão vir a sê-lo no futuro:

6.11 . LibSys

O LibSys é um software integrado de automatização de bibliotecas concebido para gerir grandes colecções em bibliotecas científicas. É um sistema multiutilizador completo e totalmente integrado que funciona em super, mini e microcomputadores, incluindo PCs com UNIX, XENIX e VMS. Foi concebido e desenvolvido pela LibSys Corporation, Nova Deli. Apoia a instalação de software e o seu bom funcionamento num local. Trata de todas as actividades relacionadas com a biblioteca. Tem sete módulos básicos, incluindo aquisição, catalogação, empréstimo e controlo de séries, OPAC, Web-OPAC e indexação de itens.

Foi desenvolvido em COBOL, mas foi agora convertido para C++. Dispõe de um procedimento de criação de índices e, por conseguinte, não necessita de um software de base de dados separado.

Baseia-se numa arquitetura de três níveis que proporciona uma interface de utilizador independente, um processador de transacções e um poderoso motor/gestor de bases de dados de pesquisa bibliográfica com a opção de utilizar um servidor Oracle/SQL como RDBMS de retaguarda. O LibSys pode ser modificado para funcionar com outro software, como Oracle, Unify, Ingres, etc. Também suporta CD-ROM, redes (LAN, WAN) e utilização multilingue, e está disponível como implementação cliente-servidor com funções compatíveis com a Web. O acesso é, portanto, feito através de um navegador Web e permite a ligação em rede das bibliotecas.

Capítulo 7

7. critérios de seleção

A escolha do software não é uma tarefa fácil, mas deve estar sempre de acordo com a missão. A gama de software disponível no mercado é enorme e está a aumentar todos os dias. Ainda há quinze anos (Resnick), estimava-se que só no domínio do software educativo existiam mais de dez mil títulos actuais. O sucesso da automatização depende da escolha do software adequado e da sua correcta implementação. Muito poucos pacotes de software de biblioteca podem satisfazer todas as necessidades de uma determinada biblioteca. Cada pacote de software tem as suas próprias características e restrições. Por conseguinte, é necessário avaliar pacotes de software de automatização de bibliotecas com diferentes funcionalidades, consoante os requisitos. Para encontrar o melhor pacote de software, é importante analisar e identificar os requisitos e compará-los com as características e funções dos sistemas integrados de bibliotecas. Além disso, o software de biblioteca deve ser escolhido para satisfazer as necessidades actuais e futuras da biblioteca.

A fim de avaliar o valor de um produto de software com base em determinados pontos de controlo importantes, é essencial um estudo comparativo para compreender cada produto de software. Por esta razão, este estudo utiliza uma lista de controlo importante que deve ser utilizada para avaliar software. Ajudaria os bibliotecários a identificar as vantagens e limitações de um determinado pacote de software e a decidir sobre um pacote de software adequado às suas próprias necessidades.

7.1 Como escolher o software

O processo de seleção de software é extremamente difícil para o pessoal médio das bibliotecas. Em particular, a tecnologia, a funcionalidade, a segurança e as questões de autenticação, os custos a longo prazo, a relação custo-eficácia do fornecedor, os serviços e o apoio, por exemplo, considerações de manutenção, bem como a formação e a documentação, têm de ser considerados mais cuidadosamente aquando da escolha do software.
Estas são explicadas a seguir.

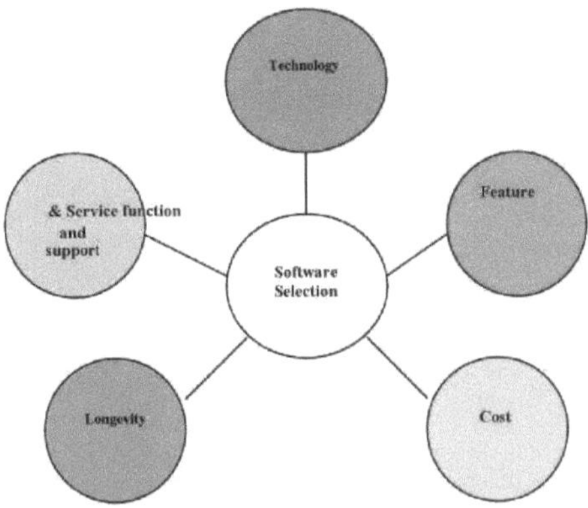

7.1.1. Tecnologia

A tecnologia refere-se a hardware e software. O hardware e o software correctos são essenciais para que um pacote de automatização de biblioteca funcione corretamente. Cada pacote deve ser cuidadosamente analisado, tendo em conta o tipo de hardware, os requisitos de armazenamento e o software de sistema necessário. Considere se são necessários periféricos adicionais, tais como altifalantes, scanners, auscultadores, etc., para que o programa funcione sem problemas e se o equipamento precisa de ser atualizado regularmente. A tecnologia deve ser suficientemente robusta e potente para suportar a carga de transacções actuais e futuras. A velocidade do sistema deve ser aceitável para a utilização quotidiana. O software deve suportar ambientes multi-empresa, multi-departamento e multi-moeda.

Verifica-se que os pacotes de software escritos em linguagens de programação de ordem superior, como COBOL, FORTRAN, BASIC, etc., colocam geralmente problemas de manutenção, atualização, personalização, etc., devido à falta de hardware adequado.

7.1.2. Características e funções

Quando analisam potenciais fornecedores de software, muitas empresas tendem a concentrar-se apenas na funcionalidade e nas características do produto potencial.

Características

Devem também ser considerados factores como as técnicas de armazenamento de dados utilizadas no desenvolvimento do software, a organização dos ficheiros da estrutura da base de dados, etc. É igualmente necessário examinar as possibilidades de importar, exportar e descarregar dados do próprio computador em disquete ou CD-ROM, etc. e a compatibilidade com o formato normalizado Common Communication Format (CCF) / Machine Readable Catalogue (MARC).

Muitos bibliotecários são confrontados com a questão da língua. A identificação da linguagem de programação em que o software é criado é muito importante aquando da aquisição ou desenvolvimento de um pacote de software. De facto, muitas funções como o comprimento fixo, o comprimento variável do campo, o formato variável, a função de pesquisa, etc., são fornecidas nos pacotes de software através da utilização de uma linguagem de programação adequada. Em geral, os clientes ou utilizadores deparam-se com problemas de manutenção, atualização, personalização, etc., devido a uma linguagem de programação inadequada no software de automatização de bibliotecas.

Funções

Um bom pacote de software de biblioteca deve ser um pacote modular integrado que abranja todo o espetro de actividades da biblioteca. As principais funções dos pacotes de software podem ser enumeradas da seguinte forma:

1. Aquisições
2. Catalogação
3. Tráfego
4. Catálogo em linha para acesso do público
5. Gestão de séries
6. Gerador de relatórios
7. Empréstimos à distância
8. Informação comunitária
9. Importação/exportação
10. Serviço de encaminhamento

Além disso, ao escolher o software, devem ser tidos em conta outros factores, como o seguinte nível de funcionalidade:

- ☐ Este pacote satisfaz os requisitos gerais indicados?
- ☐ A estrutura do menu é fácil de compreender e seguir?
- ☐ Os ficheiros de ajuda são fáceis de utilizar e compreender pelos utilizadores? O utilizador pode adaptar a ajuda às necessidades individuais da organização?
- ☐ O produto é demasiado complexo ou exigente para o utilizador médio?
- ☐ Existem relatórios normalizados e são úteis?

7.1.3. Custos

O custo dos pacotes de software comercial varia consideravelmente entre os pacotes disponíveis, com exceção do software gratuito e de fonte aberta. A maioria dos pacotes de software de automatização de bibliotecas é mais cara. O software comercial está sujeito a taxas de compra inicial, de licença e de atualização. Além disso, os criadores de software cobram taxas adicionais pelas personalizações, formação no local, conversão de dados de outros SGBD/fontes de dados, contratos de manutenção anuais e apoio ao cliente. No entanto, o software desenvolvido localmente pode ser mais barato do que o software estrangeiro. Alguns pacotes de software desenvolvidos com recurso a software livre e de fonte aberta estão disponíveis gratuitamente e só são oferecidos mediante o pagamento de uma taxa de distribuição. Há vários outros factores a considerar na escolha do software:

- ☐ O custo da licença justifica-se tendo em conta as funcionalidades oferecidas?
- ☐ A base de dados necessária é acessível?
- ☐ Os custos anuais de manutenção são razoáveis?
- ☐ Qual é a relação entre os custos de software e os custos de implementação?

7.1.4. Longevidade do fornecedor

A longevidade do fornecedor é também um fator muito importante a considerar antes de escolher o software: há quantos anos a empresa está ativa no sector do software, quando é que o produto foi lançado pela primeira vez e qual é a versão atual oferecida. A fiabilidade, a adaptabilidade e a longevidade dependem da estabilidade do criador e do fornecedor do software. Se a empresa tiver registado lucros consistentes ano após ano e apenas a gestão tiver mudado recentemente, não há dúvidas quanto à longevidade da empresa. Do mesmo modo, as referências dos clientes são também um fator importante no processo de decisão.

7.1.5. Serviços

O fator mais importante é a parte de serviço de qualquer pacote de software de biblioteca. O bibliotecário pode servir as pessoas de forma eficaz, eficiente e rápida através da automatização, utilizando um bom pacote de software de biblioteca que integre todos os serviços necessários. Os serviços oferecidos nos pacotes seleccionados podem ser divididos em três grupos:

i. Serviços centrais
ii. Melhorar os serviços
iii. Serviços de valor acrescentado

iv. Serviços centrais

Os serviços essenciais são os serviços fundamentais necessários para as rotinas da biblioteca e recomenda-se que estejam disponíveis nos pacotes de software de automatização da biblioteca. A disponibilidade de software de automatização depende dos serviços disponíveis, das facilidades e da cobertura das actividades e da informação da biblioteca em diferentes módulos. As diferentes facilidades presentes num pacote de software de automatização de bibliotecas são a aquisição, a catalogação, a classificação, o catálogo em linha para acesso público (OPAC), o empréstimo, o controlo de séries, os serviços de informação, a administração, os serviços técnicos e a manutenção, etc.

As bibliotecas científicas não adquirem apenas documentos em inglês, mas também documentos em diferentes línguas estrangeiras para fins de investigação. Por este motivo, o software deve poder aceitar vários tipos de letra.

v. . Melhoria dos serviços

Inclui os serviços adicionais de uma biblioteca moderna que tornam o trabalho do bibliotecário simples, cómodo e contínuo. Relatórios personalizados, interface de utilizador baseada em GUI e cor, empréstimo interbibliotecas, apoio multilingue, catálogo da união, etc. são exemplos deste tipo de serviço. Por conseguinte, os pacotes de software com mais funcionalidades são certamente mais adequados e avançados do que aqueles com funcionalidades limitadas.

vi. . Serviços de valor acrescentado

Os serviços de valor acrescentado são os tipos de serviços que geralmente não se enquadram no âmbito geral dos pacotes de software. Com o advento da tecnologia avançada, estes tipos de serviços também se tornaram essenciais para as bibliotecas dos países desenvolvidos, de modo a facilitar a vida dos utilizadores, e a evolução dos pacotes de software torna possível fornecer estes tipos de serviços. Por conseguinte, o melhor software é aquele que oferece este tipo de serviços e facilidades. O auto-empréstimo, a auto-reserva, a formação em linha dos utilizadores, a verificação da coleção, a geração de códigos de barras, a geração de passaportes de porta, a RFID (identificação por radiofrequência) são exemplos de serviços de valor acrescentado.

7.1.6. Suporte e manutenção do sistema

Os serviços pós-venda incluem formação, manutenção e documentação. Inclui também publicações (por exemplo, manuais e boletins informativos) com informações sobre os últimos desenvolvimentos do software. Isto mantém os utilizadores actualizados com os últimos desenvolvimentos em software para bibliotecas.

i. Formação

É essencial formar o pessoal da biblioteca na utilização de computadores. Cada membro do pessoal da biblioteca deve receber formação e orientação sobre o sistema informático. A responsabilidade do criador ou fornecedor de software não termina com a venda do software sem formação, até que o pessoal tenha aprendido a utilizar o software na sua totalidade. De facto, as pessoas mais importantes para o sucesso da informatização das bibliotecas são os bibliotecários. Temos de estar conscientes de que os bibliotecários não poderão utilizar o hardware enquanto não tiverem os conhecimentos necessários para o utilizar. Por conseguinte, é necessário criar cursos de formação para o desenvolvimento profissional dos bibliotecários.

ii. Manutenção

Os acordos de apoio e manutenção oferecidos pelo vendedor/fornecedor devem ser examinados com muita atenção. A manutenção pode incluir a eliminação de bugs ou erros que possam aparecer no software quando este é utilizado para um grande número de aplicações, bem como a melhoria do software.

No que diz respeito à manutenção, devem ser tidos em conta os seguintes pontos aquando da escolha do software:

- □ O software tem uma função de depuração e uma mensagem de erro correspondente durante a execução?

- □ Com que rapidez são corrigidos os erros não críticos do software quando este é adaptado às novas tecnologias?

- □ Existe algum fornecedor que ofereça um contrato de manutenção anual a um preço reduzido?

iii. Documentação

O manual de referência, que contém instruções escritas pormenorizadas (passo a passo), é necessário para utilizar o pacote de software após o programa de formação. O manual deve ser redigido numa linguagem de fácil compreensão e incluir um índice, um glossário e um índice. É igualmente importante saber se existe um boletim informativo ou uma publicação regular com informações actualizadas para os utilizadores de software de biblioteca.

Há uma série de outros factores que também são muito importantes na escolha do software.

iv. Potência

A possibilidade de efetuar pesquisas simultâneas no OPAC e na Web (metapesquisa) através de uma pesquisa por uma única palavra, o tempo de reação à pesquisa, as opções de pesquisa, as possibilidades de cópia de segurança, a segurança da base de dados, etc., demonstram o poder de qualquer software de automatização de bibliotecas.

As funções do pacote estão ligadas entre si. O tempo de resposta do módulo de pesquisa depende de vários factores, como a organização dos ficheiros, o sistema operativo, a plataforma de hardware, o número de registos na base de dados, etc.

v. Opções de pesquisa

As opções de pesquisa incluem pesquisa simples, pesquisa booleana (AND, OR, NOT), pesquisa avançada, pesquisa por cadeia de caracteres, pesquisa por palavra-chave, pesquisa por limite de campo, truncagem e utilização de termos relacionados durante a pesquisa. O fornecimento de múltiplas manipulações e funções de pesquisa adequadas deve ser incluído num bom software caraterístico.

vi. Segurança

O mecanismo de segurança impede a utilização indevida do software pelos utilizadores e por terceiros. Para efeitos de segurança, o software deve ter as seguintes características

☐ Fornecimento de um identificador/código de barras, etc.

☐ Acesso restrito a determinadas gravações/campos.

☐ Os alunos e o pessoal podem registar-se e anular o registo de forma independente

☐ Modificação/nova versão do software pelo bibliotecário

vii. Amigável

O sistema deve ser fácil de utilizar e deve ser verificado se o sistema fornece atalhos e ferramentas flexíveis para o utilizador experiente. O sistema deve ser fácil de aprender, orientado por menus e baseado em comandos mnemónicos. Para além dos critérios acima referidos, a consideração dos direitos de autor e das licenças é também importante na avaliação do software.

7.1.7 Considerações sobre direitos de autor e licenças

Todo o software comercial está protegido por direitos de autor. O pacote adquirido contém um acordo de licença que o comprador aceita ao abrir o pacote. Uma das vantagens do acordo de licença é que um proprietário registado (os cartões de registo também estão incluídos no pacote) pode normalmente obter actualizações a um preço muito inferior ao preço total de mercado. O software livre não está protegido por direitos de autor. Estes pacotes de software são geralmente designados por "software do domínio público" e podem ser copiados e/ou transferidos livremente. Outro software, conhecido como "shareware", é oferecido gratuitamente por grupos de utilizadores ou na Internet, e sugere-se que qualquer pessoa que copie ou descarregue um programa deste tipo pague voluntariamente uma pequena quantia de dinheiro ao criador/desenvolvedor do software.

Capítulo 8

8. Análise e apresentação de dados

A automatização das bibliotecas universitárias e de outras bibliotecas científicas tem ajudado a prestar serviços de qualidade e a facilitar o acesso a diferentes fontes de informação no espaço e no tempo. A introdução das TI não só poupou tempo aos investigadores, como também alargou o acesso às fontes de informação. Para este estudo, foram seleccionados pacotes de software de automatização de bibliotecas utilizados em algumas bibliotecas científicas do Nepal, particularmente no Vale de Katmandu. Os dados foram recolhidos em bibliotecas académicas automatizadas e verificou-se também que as bibliotecas que não foram automatizadas ou que não utilizam software disponível comercialmente não estão representadas no estudo.

Os dados foram recolhidos com base na lista de controlo e no questionário (em anexo) distribuídos aos bibliotecários e profissionais da informação.

Apenas cinco programas foram considerados para a análise comparativa. São os seguintes
1. Alice para Windows (AFW)
2. Software para a biblioteca universitária (SOUL)
3. LibInfo
4. Sistema de gestão de bibliotecas (LMS)
5. Sistema de gestão de bibliotecas MIDAS (MIDAS LMS)

O estudo avalia o software de biblioteca utilizado por sete bibliotecas científicas da seguinte forma:

S. Não.	Nome do instituto	Abreviatura	Endereço
1	Biblioteca Central da Universidade de Tribhuvan	TUCL	Kirtipur, Katmandu, Nepal
2	Biblioteca Central da Universidade de Katmandu	KUCL	Kavre, Dhulikhel, Nepal
3	Instituto de Engenharia	IOE	Kathmandu, Nepal
4	Faculdade de Medicina do Nepal	NMC	Kathmandu, Nepal
5	Universidade Appex	AC	Kathmandu, Nepal
6	Campus público para jovens	PYC	Kathmandu, Nepal
7	Instituto de formação de formadores técnicos	TITI	Bhaktapur, Nepal

O questionário foi elaborado com base nos critérios acima referidos, a fim de atingir o objetivo do estudo. A análise e a apresentação dos dados baseiam-se nas respostas recebidas dos bibliotecários. Além disso, este estudo comparativo baseou-se na literatura sobre os respectivos pacotes de software para bibliotecas e em entrevistas pessoais.

De acordo com o questionário, os dados são analisados a partir do n.º 5 (detalhes do software). Na parte introdutória do questionário, os inquiridos foram questionados sobre informações pessoais, perfil institucional, perfil da biblioteca e recursos da biblioteca. A secção sobre informações pessoais é opcional. As outras três partes (2 a 4) do questionário foram concebidas para obter informações sobre a biblioteca e a sua organização-mãe. Esta informação foi utilizada para formular o capítulo correspondente.

Detalhes das colecções de algumas das bibliotecas do estudo

		Recursos	
S. Não.	Nome do instituto	Livros	Jornais (título)
1.	TUCL	3,00,000	450
2.	KUCL	40,000	200
3.	IOE	72,000	NA
4.	Apex	7000	50
5.	TITI	6000	50
6.	PYC	31,000	NA

8.1 Estado da automatização

A informatização de todas as operações das bibliotecas, como a aquisição, a catalogação, o controlo de empréstimos, o controlo de publicações em série e a elaboração de relatórios, etc., é designada por automatização das bibliotecas. A automatização desempenha um papel crucial na era da explosão da informação, e o software de biblioteca é muito importante para a automatização das bibliotecas. Embora os bibliotecários estejam conscientes da sua importância, não conseguem automatizar as suas bibliotecas por uma série de razões. No entanto, algumas bibliotecas foram informatizadas, total ou parcialmente. As seguintes bibliotecas utilizaram vários pacotes de software comercial para automatizar as suas bibliotecas

Quadro 1: Estado da automatização

Nome do estabelecimento	Ano de início da automatização	Ano de conclusão	Software utilizado anteriormente	atualmente em serviço	Possibilidade de modificação	Conversão retroactiva	Tipo de software
TUCL	2006	Não encerrado	CDS/ISIS	Lib Info	Sim	Sim	Proprietário
KUCL	2004	2005	CDS/ISIS	ALMA	Sim	Sim	Proprietário
IOE	2006	Não encerrado	CDS/ISIS	LMS	Sim	Sim	Internamente
PYC	2006	2007	CDS/ISIS	MIDAS LMS	Sim	Sim	Proprietário
NMC	2006	Não encerrado	CDS/ISIS	Lib Info	Sim	Sim	Proprietário
AC	2005	2006	CDS/ISIS	LMS	Sim	Sim	Internamente
TITI	2004	2005	--	AFW	Sim	Sim	Proprietário

O quadro 1 mostra o estado geral da automatização em várias bibliotecas científicas, tendo em conta que a automatização só começou depois de 2004 nestas bibliotecas. A TUCL, embora tenha sido uma das primeiras bibliotecas universitárias do Nepal, iniciou a automatização em 1995 e utiliza o CDS/ISIS para a sua base de dados bibliográfica. Em 2006, instalou o pacote de software integrado LibInfo. A biblioteca central da Universidade de Katmandu começou a ser automatizada em 2004, utilizando o software de biblioteca totalmente integrado SOUL. Todos os pacotes de software são software empresarial, com exceção do LMS, que foi utilizado internamente no início, mas foi posteriormente vendido.

Mais de 60% das bibliotecas científicas seleccionadas concluíram a automatização, nomeadamente KUCL, PYC, AC e TITI, que utilizam SOUL, MIDAS LMS, LMS e AFW, respetivamente. TUCL, NMC e IOE iniciaram a automatização em 2006, utilizando LibInfo e LMS, e estas bibliotecas ainda estão em desenvolvimento.

O quadro mostra que todas as bibliotecas seleccionadas utilizaram até agora o CDS/ISIS para armazenar as suas colecções e aceder à informação através do catálogo informático. O Appex College desenvolveu o seu próprio software de biblioteca, denominado LMS, que responde às suas necessidades.

Todos os pacotes de software de automatização de bibliotecas acima mencionados oferecem a opção de converter retroativamente a base de dados CDS/ISIS para o novo pacote de software instalado.

8.2 Informações gerais

O software de automatização de bibliotecas a adquirir deve ser flexível, capaz, escalável, seguro, económico, de fácil utilização, baseado em módulos e de última geração.

O quadro contém informações gerais sobre o software de automatização de bibliotecas adquirido pelos bibliotecários das bibliotecas científicas seleccionadas para este estudo. A tabela indica a origem do software, o domínio de aplicação, o criador/distribuidor do software e a existência ou não de um agente local.

Quadro 2: Informações gerais

Nome do software	Origem	Âmbito de aplicação			Nome de Distribuidor/Desenvolvedor	Nome do representante local
		Grande sistema	Sistema de médio alcance	Petit Sistema		
AFW	Estrangeiro	Disponível em	Disponível em	Disponível em	Soft link Asia Pvt.Ltd, Nova Deli	NA
Lib Info	Local	Disponível em	NA	NA	Rede de acesso à informação, Pvt.Ltd Nepal	Rede de acesso à informação, Pvt.Ltd Nepal
ALMA	Estrangeiro	Disponível em	NA	NA	INFLIBNET, UGC, Índia	NA
LMS	Local	Disponível em	NA	NA	Appex College, Nepal	Appex College, Nepal
MIDAS LMS	Local	Disponível em	NA	NA	MIDAS Technology Private Ltd. Nepal.	MIDAS Technology Private Ltd. Nepal.

O quadro acima mostra que a maioria do software, nomeadamente MIDAS LMS, LibInfo e LMS, são pacotes desenvolvidos localmente. A KUCL e a TITI utilizam pacotes de software de automatização de bibliotecas desenvolvidos por agências ou organizações externas. A KUCL é a primeira biblioteca universitária do Nepal a automatizar a sua biblioteca com o SOUL, desenvolvido pela INFLIBNET, UGC, Índia. A TITI utiliza o pacote ALICE for Windows (AFW) da Softlink Corporation para a automatização. Não existe um agente local no Nepal para este software. O Alice for Windows (AFW) tem três tipos de bases de dados adequadas a pequenas, médias e grandes bibliotecas.

Verificou-se que cinco das sete bibliotecas utilizavam software produzido localmente. Embora este software seja capaz de satisfazer os requisitos gerais do processo de automatização na situação atual, se não for testado quanto à sua fiabilidade e validade, pode causar problemas numa grande biblioteca universitária.

8.3 Requisitos do sistema

Um pacote de software não pode funcionar corretamente sem hardware e software adequados. O hardware deve ser compatível com o sistema operativo do software. Por conseguinte, a escolha do software deve basear-se numa análise cuidadosa dos requisitos básicos de hardware e software para o pacote de software. Além disso, ao selecionar o hardware e o sistema operativo, deve verificar-se se estes satisfazem os requisitos actuais e se também serão capazes de satisfazer os requisitos futuros.

Tabela 3: Requisitos do sistema

Nome do software	O sistema operativo Requisitos	Requisitos mínimos de hardware
AFW	ⁿᵈWIN98 2 ed./2000/ SP4	☐ Processador: Pentium III 700 ou equivalente ☐ 256 MB DE RAM ☐ Requisitos de HD: 2,1 GBs
ALMA	WIN 95/98/WIN NT	☐ Processador: Pentium III/IV ☐ 128 MB DE RAM ☐ DISCO RÍGIDO: 10 GB
Lib Info	DOS/WIN 95/98	☐ Processador: Pentium III/IV ☐ 256 MB DE RAM ☐ DISCO RÍGIDO: 10 GB
LMS	WINDOWS NT	☐ Processador: Pentium III/IV ☐ 512 MB DE RAM ☐ DISCO RÍGIDO: 20 GB
MIDAS LMS	WINDOWS NT /XP	☐ Processador: Pentium III/IV ☐ 128 MB DE RAM ☐ DISCO RÍGIDO: 10 GB

A Tabela 3 mostra os requisitos mínimos de hardware e software para cada pacote de automação de biblioteca. A maior parte do software é compatível com o sistema operativo WIN 98.

8.4 Características intrínsecas

As características inerentes a um produto de software incluem factores como as técnicas de armazenamento de dados, a estrutura da base de dados, a organização dos ficheiros, etc. É muito importante determinar a linguagem de programação quando se escolhe um pacote de software comercial. Tal deve-se ao facto de muitas funções, como campos fixos, campos de comprimento variável, formatos variáveis, funções de pesquisa, etc., serem fornecidas no pacote de software através da utilização de uma linguagem de programação adequada.

Quadro 4: Características intrínsecas

Nome do software	Linguagem de programação utilizada para o desenvolvimento	Tecnologia de armazenamento de dados
AFW	C++MS SQL Server	Modelo relacional
ALMA	MS SQL	Modelo relacional
Lib Info	PHP/MS SQL	Modelo relacional
LMS	SQL/JSP	Modelo relacional
MIDAS LMS	Delphi/SQL	Modelo relacional

O quadro 4 apresenta as características inerentes aos pacotes LMS. A tabela acima mostra que todos os pacotes LMS têm uma tecnologia de armazenamento de dados semelhante, apesar de terem linguagens de programação diferentes.

8.5 Serviços / funcionamento de automatização de bibliotecas

Uma biblioteca automatizada é aquela em que um sistema informático é utilizado para gerir uma ou mais funções-chave da biblioteca, como as aquisições, a circulação, a catalogação, o controlo de periódicos e o catálogo em linha para acesso público. Nas bibliotecas modernas, a automatização é economicamente viável e tecnologicamente necessária para responder às exigências dos novos conhecimentos, ao enorme aumento da coleção de material e aos problemas de aquisição, armazenamento, processamento, difusão e transmissão da informação.

O software de automatização de bibliotecas abrange duas áreas funcionais principais, nomeadamente a) controlo e gestão dos recursos da biblioteca e b) acesso a documentos e informação. Estes

duas secções tratam, respetivamente, do sistema de gestão da biblioteca e do sistema de pesquisa de textos. Existe um conjunto de funções para a gestão da biblioteca, o acesso do público à informação, a criação de publicações e o controlo e tratamento de dados estatísticos e financeiros. Além disso, a geração de códigos de barras, o suporte de rede, a conversão de dados, o suporte multimédia, etc., são outras funções adicionais do software de automatização de bibliotecas, enumeradas no quadro seguinte.

Quadro 5: Actividades domésticas na biblioteca

Serviços centrais	Nome do software				
	AFW	ALMA	Lib Info	LMS	MIDAS LMS
Aquisição	Y	Y	Y	Y	Y
Catalogação	Y	Y	Y	Y	Y
Tráfego	Y	Y	Y	Y	Y
OPAC	Y	Y	Y	Y	Y
Controlo de série	Y	Y	Y	Y	Y
Gestão de bibliotecas	Y	Y	Y	Y	Y
Suporte para formatos bibliográficos	Y	Y	Y	Y	Y
Suporte para formatos de intercâmbio de dados	Y	Y	Y	Y	-
Indexação de artigos	Y	-	X	-	-
Conversão retroactiva	Y	Y	Y	Y	-
Criar relatórios	Y	Y	Y	Y	Y
Geração de códigos de barras	Y	Y	Y	-	Y
Suporte de rede	Y	Y	Y	Y	-
Várias opções de segurança	Y	Y	Y	Y	Y
Sistema de controlo de existências	Y	Y	Y	Y	Y

A Tabela 5 mostra o estado da automatização do serviço doméstico em diferentes bibliotecas científicas. Mostra todos os principais serviços básicos que devem estar presentes em todos os pacotes de automatização de bibliotecas e que são necessários para o funcionamento diário das bibliotecas. Todos os serviços básicos estão disponíveis, exceto no MIDAS LMS. A indexação de artigos só está disponível no Alice para Windows. O software LMS desenvolvido localmente não tem a capacidade de gerar códigos de barras e certos serviços como o formato de troca de dados, a indexação de itens, a conversão retrospetiva e o suporte de rede não estão disponíveis no MIDAS LMS.

8.6 Aquisição

A aquisição é o processo de constituição das colecções da biblioteca e é a base da organização de todos os serviços da biblioteca. Este módulo gere todos os processos de aquisição de monografias, actas de congressos, relatórios, etc., desde a receção destes documentos após a sua aprovação até à sua inclusão na coleção. O sistema de aquisição gera vários processos, como a receção de pedidos de aquisição de artigos, a aceitação da lista de artigos disponíveis, a obtenção de autorizações e sanções das autoridades competentes, a criação de listas de compras, a receção de artigos por encomenda e a gestão de informações sobre editores e fornecedores.

Tabela 6: Módulo de entrada

Menu e opções disponíveis	Nome do software				
	AFW	ALMA	Lib Info	LMS	MIDAS LMS
Integração com outros módulos, tais como catalogação, empréstimos, OPAC, etc.	Y	Y	Y	Y	Y
Encomendar livros e revistas	Y	Y	Y	Y	Y
Recusa de livros	Y	Y	Y	Y	Y
Devolução de livros rejeitados	Y	Y	Y	Y	Y
Receção dos livros encomendados	Y	Y	Y	Y	Y
Processamento de facturas	Y	Y	Y	Y	Y
Contabilidade/orçamentação	Y	Y	Y	Y	Y
Alteração e aprovação de mandatos	Y	Y	Y	Y	Y
Atualizar a base de dados quando o documento - Eliminado - Limpo - Perdido - Retirado	Y Y Y Y	Y Y Y Y	Y Y Y Y	Y Y Y Y	Y Y Y Y

A Tabela 6 apresenta o menu e as opções do módulo de entrada. Todas as opções apresentadas estão disponíveis em todo o software.

8.7 Catalogação

Um catálogo é um registo ordenado das colecções de uma biblioteca. O principal objetivo do módulo de catalogação é criar catálogos para acesso dos utilizadores, quer em linha, quer em CD-ROM ou em formato de microformas. O módulo de catalogação inclui programas para a descrição bibliográfica das publicações adquiridas e o armazenamento desta informação na base de dados. Permite a descrição de monografias e periódicos e a criação de registos bibliográficos analíticos para cada item nos formatos MARC, UNIMARK ou CCF. Módulo de importação/exportação para intercâmbio bibliográfico com outras bibliotecas baseado na norma ISO 2709. Este módulo inclui também um ficheiro de controlo de autoridade, uma base de dados de catálogo, um ficheiro de lista de prateleiras, etc. Pode criar o sistema de catalogação baseado na norma AACR-2. Os registos de catálogo podem ser criados diretamente com a flexibilidade da formatação de texto integral. Foi concebido para a catalogação em linha (através do computador) dos itens introduzidos neste sistema.

Quadro 7: Módulo de catalogação

Menu e opções disponíveis	Nome do software				
	AFW	ALMA	Lib Info	LMS	MIDAS LMS
Integração com outros módulos, tais como aquisição, empréstimo, OPAC, etc.	Y	Y	Y	Y	Y
Conversão retroactiva	Y	Y	Y	Y	-
Imprimir fichas de catálogo - Cartão de autor - Cartão do título - Assunto: Cartão - Cartão classificado	Y Y Y Y	Y Y Y Y	Y Y Y Y	Y Y Y Y	Y Y Y Y
Catalogação de livros : - Verificação de duplicados - Modificação de uma entrada existente	Y Y	Y Y	Y Y	Y Y	Y Y
Acesso público em linha Catálogo (OPAC)	Y	Y	Y	Y	Y
Lista das últimas edições	Y	Y	Y	Y	Y
Importar de CD-ROM	Y	Y	Y	Y	Y

De acordo com a Tabela 7, todas as opções do módulo de catalogação estão disponíveis em todos os pacotes de software. Apenas a conversão retrospetiva não está desenvolvida no pacote MIDAS LMS.

8.8 Tráfego

A atividade de empréstimo é de importância vital em todas as bibliotecas. Nas bibliotecas científicas, em particular, vemos regularmente filas de espera muito longas em frente das bibliotecas de empréstimo. O tratamento manual da informação é muito fastidioso e moroso. O pessoal de empréstimo ocupa-se principalmente de tarefas administrativas, como emprestar, devolver, renovar, arquivar cartões de livros, emitir avisos, calcular e cobrar multas, fazer reservas e manter registos estatísticos do material emprestado. A fim de reduzir o tempo de espera dos utilizadores e minimizar a carga de trabalho, é muito importante e deve ser adquirido software integrado para a automatização da biblioteca. O módulo de empréstimo e as suas opções gerais, que devem estar disponíveis num bom software, são apresentados na Tabela 8.

Quadro 8: Montantes utilizados

Menu e opções disponíveis	Nome do software				
	AFW	ALMA	Lib Info	LMS	MIDAS LMS
Integração com outros módulos	Y	Y	Y	Y	Y
Reserva	Y	Y	Y	Y	Y
Check-in e check-out	Y	Y	Y	Y	Y
Período de emissão flexível	Y	Y	Y	Y	Y
Cálculo automático de coimas para diferentes categorias de utilizadores	Y	Y	Y	Y	Y
Data de expiração automática para a data de emissão	Y	Y	Y	Y	Y
Empréstimos à distância	Y	Y	-	-	-
Lista de sensibilização atual	Y	Y	Y	Y	Y
SDI	Y	-	-	-	-
Apoio por correio eletrónico	Y	-	Y	Y	-
Filiação - Novo	Y	Y	Y	Y	Y
- Renovar	Y	Y	Y	Y	Y
- Cancelar	Y	Y	Y	Y	Y
Criar relatórios		Y		Y	Y
- Registo de transacções	Y	Y	Y	Y	Y
- Fim	Y	Y	Y	Y	-
- Lembretes de pagamento	Y	Y	Y	Y	Y
- Lista de membros	Y		Y		
- Empréstimos à distância	Y	-	-	-	-
- Notas	Y	Y	Y	Y	Y
- Publicação	Y	-	-	-	-
- Etiqueta traseira	Y	Y	Y	Y	Y

A Tabela 8 mostra o módulo de circulação e as suas opções gerais para a troca de informações dentro da biblioteca, bem como algumas das outras funções, tais como filiação, empréstimo interbibliotecas, relatórios, etc. Embora o empréstimo interbibliotecas seja um dos serviços de biblioteca mais importantes, ajudando a estabelecer relações entre diferentes bibliotecas que fornecem a informação em falta. Mas três dos pacotes de software para bibliotecas acima mencionados não oferecem este serviço. Apenas o AFW e o SOUL dispõem desta funcionalidade. Da mesma forma, todos, exceto o AFW, não dispõem dos serviços SDI e de publicação. O MIDAS LMS também não dispõe de uma funcionalidade de lembrete e de correio eletrónico.

8.9 Controlo de série

O sistema de controlo de séries trata de novas séries, ofertas de renovação e artigos de substituição. Trata igualmente de todas as operações de encomenda, tais como pagamentos de aprovação, etc., e os procedimentos de faturação incluem facturas suplementares e notas de crédito. Também gere o sistema de lembretes. Pode preparar os dados bibliográficos e de assinatura. Regista os livros em série encomendados e não encomendados, as trocas de ofertas e, finalmente, envia um volume completo para o controlo da encadernação.

Tabela 9: Módulo de controlo série

Menu e opções disponíveis	Nome do software				
	AFW	ALMA	Lib Info	LMS	MIDAS LMS
Integração com outros módulos, como empréstimos, OPAC, etc.	Y	Y	Y	Y	Y
Aquisição do número de série	Y	Y	Y	Y	Y
Processamento de encomendas, autorizações e facturas	Y	Y	Y	Y	-
Controlo das assinaturas	Y	Y	Y	Y	Y
Renovação de volumes de série	Y	Y	Y	Y	Y
Controlo dos direitos	Y	Y	Y	Y	-
Apoio por correio eletrónico	Y	-	Y	Y	-
Aprovação do orçamento	Y	Y	Y	Y	Y
Conversão de moeda	Y	Y	Y	Y	Y
Conservação dos ficheiros	Y	Y	Y	Y	Y
Lembretes de pagamento -por título	Y	Y	Y	Y	-
Criar relatórios - Todas as séries - Séries actuais - Séries rejeitadas	Y Y Y	Y Y Y	Y Y Y	Y Y Y	Y Y Y

A tabela 9 apresenta os detalhes do controlo série no sistema de automação. Mostra todos os elementos incluídos no módulo de Controlo de série. Algumas opções não estão disponíveis nos pacotes MIDAS LMS, tais como encomendas, aprovações e processamento de facturas, acompanhamento de reclamações, suporte por correio eletrónico e lembretes.

8.10 Catálogo em linha acessível ao público (OPAC)

Um OPAC é uma base de dados de registos bibliográficos que descreve o acervo de uma determinada biblioteca. Permite uma consulta rápida e precisa dos dados por nome, título e assunto através de diferentes pontos de acesso e oferece acesso em linha através de terminais públicos. Os dados podem ser recuperados seleccionando termos dos dicionários dos pontos de acesso, eliminando a necessidade de o utilizador digitar a consulta, ou efectuando uma pesquisa de cadeia, que permite ao utilizador pesquisar qualquer parte do título. Os operadores booleanos AND, OR, NOT também podem ser utilizados nas pesquisas por palavra-chave. Podem ser utilizados vários operadores numa única pesquisa para limitar ou alargar os resultados da pesquisa. Os resultados da pesquisa podem ser impressos ou apresentados como registos de catálogo, de acordo com as regras de catalogação AACR2. Se mais do que um registo corresponder aos critérios de pesquisa, é imediatamente apresentada uma lista de pré-visualização ou um resumo dos títulos. O utilizador pode selecionar o registo correspondente e ver todos os detalhes do documento selecionado.

Quadro 10: OPAC (catálogo em linha de acesso público)

Variáveis	Nome do software				
	AFW	ALMA	Lib Info	LMS	MIDAS LMS
Pesquisa de autores	Y	Y	Y	Y	Y
Pesquisa de títulos	Y	Y	Y	Y	Y
Pesquisa classificada	Y	Y	Y	Y	Y
Investigação de temas	Y	Y	Y	Y	Y
Pesquisar na KWIK	Y	Y	Y	Y	-
Pesquisa booleana	Y	Y	Y	Y	-
Pesquisa de canais	Y	Y	Y	Y	-
Impressão em linha dos resultados da pesquisa	Y	Y	Y	Y	-
Impressão offline de resultados de pesquisa	Y	Y	Y	Y	Y

A Tabela 10 mostra os diferentes tipos de opções de pesquisa necessários num bom software de biblioteca, mas o facto é que nem todos os programas acima mencionados contêm todas as opções de pesquisa. O MIDAS LMS apenas oferece pesquisa por autor, título, assunto e classificação.

8.11 Indexação de artigos

A indexação de artigos desempenha um papel importante na investigação, permitindo ao cientista encontrar as informações mais recentes de uma determinada revista. Muitos dos novos pacotes de software de automatização avançada incluem um módulo de indexação de artigos, que é utilizado principalmente em bibliotecas especiais, bibliotecas de investigação e centros de investigação. Normalmente, este módulo inclui o resumo, a catalogação de artigos, CAS e SDI para a base de dados de artigos, etc.

Quadro 11: Indexação de artigos

Menu e opções disponíveis	Nome do software				
	AFW	ALMA	Lib Info	LMS	MIDAS LMS
Introduzir artigos com resumos de comprimento flexível	Y	-	-	-	-
Comprimento de variável e de campo suficiente para definir palavras-chave ou descritores	Y	-	-	-	-
Catalogação de itens	Y	-	-	-	-
Ficha de catálogo de artigos	Y	-	-	-	-
CAS na base de dados de artigos	Y	-	-	-	-
A IDE na base de dados de artigos	Y	-	-	-	-

A tabela acima mostra os vários menus e opções do serviço de indexação de artigos. A tabela mostra que a indexação de artigos só está disponível no software Alice para Windows (AFW). O resto do software não possui este módulo.

8.12 Segurança do software

As medidas de segurança no software de automatização são um elemento essencial. Estas medidas impedem que o software seja utilizado indevidamente por pessoas não autorizadas. Para efeitos de segurança, o software deve dispor dos seguintes mecanismos:

- □ Fornecer uma identificação/palavra-passe/código de barras, etc.
- □ Acesso restrito a determinadas gravações/campos.
- □ Os alunos e o pessoal podem registar-se e anular o registo de forma independente
- □ Modificação/nova versão do software pelo bibliotecário

Quadro 12: Opções de segurança

Menu e opções disponíveis	Nome do software				
	AFW	ALMA	Lib Info	LMS	MIDAS LMS

ID de utilizador e palavra-passe para cada utilizador autorizado	Y	Y	Y	Y	Y
Acesso de utilizadores autorizados a nível de módulo	Y	Y	Y	Y	Y
Acesso autorizado aos utilizadores a nível funcional	Y	Y	Y	Y	Y

O quadro mostra as disposições de segurança do software. O quadro mostra que o software no seu conjunto tem uma identificação de utilizador e uma senha para cada utilizador autorizado, acesso de utilizador autorizado a nível de módulo e acesso de utilizador autorizado a nível de função.

8.13 Funcionalidades de introdução de dados

É auto-explicativo. Em cada módulo, com exceção do OPAC, deve existir um meio de introduzir e atualizar/alterar dados. Estes dispositivos devem poder ser protegidos de modo a que só os utilizadores autorizados possam introduzir ou atualizar dados. Conhecendo o número máximo de registos que podem ser armazenados numa base de dados, os bibliotecários foram questionados sobre a capacidade para o número total de registos na base de dados, a compatibilidade do software, a aplicabilidade dos formatos, os campos no software, a tecnologia de apoio, os dispositivos de entrada/saída de apoio e a eficiência do software.

Os campos no software da biblioteca podem ser definidos pelo utilizador, definidos pelo sistema, de comprimento variável ou de comprimento fixo. Este é também um fator importante na escolha de um pacote de software de biblioteca para automatização. Para garantir uma recolha de dados uniforme, existem vários formatos reconhecidos, como MARK, CCF e UNIMARC, etc. No entanto, uma biblioteca pode também conceber o seu próprio formato.

Quadro 13: Funções de introdução de dados

Nome do pacote de software de automatização de bibliotecas	Valores-limite para o número de Gravações	Formato padrão Aceitabilidade	Campos do software	Suporte para periféricos de entrada e saída
AFW	Ilimitado	MARC	Definido pelo sistema	Sim
ALMA	Ilimitado	MARC-21	Definido pelo sistema	Sim
Lib Info	Ilimitado	MARC	Definido pelo sistema	Sim

| LMS | Ilimitado | - | Definido pelo sistema | Sim |
| MIDAS LMS | Ilimitado | - | Definido pelo sistema | Sim |

O quadro acima mostra que todos os pacotes têm um número ilimitado de registos. Foi utilizado um formato semelhante e os dados mostram também que todas as embalagens têm campos definidos pelo sistema. Do mesmo modo, a maioria das embalagens utiliza o formato MARC, também conhecido como American MARC. No entanto, o LMS e o MIDAS LMS desenvolveram o seu próprio formato.

8.14 Serviço alargado

As bibliotecas acrescentaram aos sistemas de gestão de bibliotecas os OPAC, os CD-ROM, as redes, a edição eletrónica, a burótica, as interfaces multimédia, etc. A tecnologia das bibliotecas inclui também a utilização de máquinas Xerox, microfilmes e leitores de códigos de barras, até aos portões de segurança electrónicos. A hipermédia, o multimédia, a realidade virtual, etc.

Quadro 14: Serviço alargado

Menu e opções disponíveis	Nome do software				
	AFW	ALMA	Lib Info	LMS	MIDAS LMS
Criar relatórios personalizados	Y	Y	Y	Y	Y
Módulo de empréstimo interbibliotecas	Y	Y	-	-	-
Suporte multilingue	Y	Y	Y	Y	-
Catálogo da União	-	-	-	-	-
As reservas podem ser efectuadas	Y	Y	Y	Y	Y
Suporte para ficheiros administrativos	Y	Y	Y	Y	Y
Ajuda online	Y	-	-	-	-
Instruções online	Y	-	-	-	-
Função de pesquisa	Y	Y	Y	Y	Y
Apoio da Internet	Y	Y	Y	Y	-
Apoio à Intranet	Y	Y	Y	Y	Y
OPAC Web	Y	Y	Y	Y	-
Interface multimédia	Y	Y	Y	Y	-
Suporte para códigos de barras	Y	Y	Y	-	Y
Fusível	Y	Y	Y	Y	Y
Procedimento de instalação simples	Y	Y	Y	Y	Y
Apoio ao material reprográfico	-	-	-	-	-

O quadro 14 mostra que todos os pacotes de software oferecem serviços de apoio mais ou menos alargados. É de notar que nenhum dos pacotes de software dispõe de um catálogo de sindicatos ou de suporte para dispositivos reprográficos. O LMS não dispõe de suporte para códigos de barras. A ajuda em linha sob a forma de tutoriais só está disponível no Alice para Windows. Em comparação com outros softwares, o MIDAS LMS oferece muito pouco suporte para serviços avançados, tais como empréstimo interbibliotecas, suporte multilingue, catálogo sindical, ajuda em linha, tutorial em linha, suporte Internet, Web-OPAC, etc.

8.15 Serviços de valor acrescentado

A automatização das bibliotecas implica a informatização completa das actividades das bibliotecas, desde as aquisições até aos serviços de informação, incluindo a gestão e a circulação. O desenvolvimento do pacote de software permite oferecer este tipo de serviço. Auto-empréstimo, auto-reserva, formação em linha dos utilizadores, verificação das colecções, criação de códigos de barras, portais, etc.

Geração de passaportes, relatórios por correio eletrónico, geração de identificação de visitantes, suporte de câmaras digitais, suporte de SDI e CAS electrónicos, RFID (identificação por radiofrequência), etc. são apenas alguns dos serviços de valor acrescentado enumerados no quadro seguinte.

Quadro 15: Serviços de valor acrescentado

Menu e opções disponíveis	Nome do software				
	AFW	ALMA	Lib Info	LMS	MIDAS LMS
Autocirculação através do patrocínio	Y	-	-	-	-
Formação em linha	-	-	-	-	-
Geração de códigos de barras	Y	Y	Y	-	Y
Geração de passagem de porta	Y	-	-	-	-
Relatórios por correio eletrónico	Y	-	-	Y	-
Geração de ID de visitante	Y	Y	Y	Y	Y
Suporte para câmaras digitais	Y	Y	Y	Y	-
Suporte eletrónico SDI e CAS	-	-	-	-	-

O quadro 15 mostra que nenhum dos pacotes de software oferece formação em linha e apoio eletrónico para a IDE e o CAS. O Alice for Windows suporta a auto-circulação de visitantes e a geração de cartões de acesso, que não são suportados pelos outros softwares. O MIDAS LMS apenas suporta a criação de códigos de barras e a geração de cartões de visitante. O quadro mostra que a maioria dos pacotes de software, com exceção do AFW, oferece muito pouco valor acrescentado em termos de serviços.

8.16 Potência

O objetivo final do software de automatização de bibliotecas é obter os melhores resultados, demonstrando o seu desempenho. A pesquisa simultânea no OPAC e na Internet (metapesquisa) com uma única pesquisa por palavra, o tempo de reação da pesquisa, as opções de pesquisa, as opções de cópia de segurança, a segurança da base de dados, etc., demonstram o desempenho do software de automatização de bibliotecas.

Quadro 16: Desempenho

Nome de Pacote de software	Simplicidade de Pesquisar em Documentos	Tempo médio necessário para recuperar dados	Simplesmente para Aprender Software	Base de dados Mecanismos de segurança	Simplicidade de Criação de Nova base de dados
AFW	Sim	Menos de um minuto	Sim	Disponível em	Sim
ALMA	Sim	Menos de um minuto	Sim	Disponível em	Sim
Lib Info	Sim	Menos de um minuto	Sim	Disponível em	Sim
LMS	Sim	Menos de um minuto	Sim	Disponível em	Sim
MIDAS LMS	Sim	Menos de um minuto	Sim	Disponível em	Não

O quadro acima mostra que todos os pacotes têm uma funcionalidade semelhante, são fáceis de navegar e as bases de dados são fáceis de aprender. De acordo com o quadro, todos os pacotes demoram menos de um minuto a obter dados; todos os pacotes têm um mecanismo de segurança da base de dados para verificar a utilização autorizada do software, o início de sessão, a palavra-passe e a restrição de acesso a determinados conjuntos de dados e módulos.

8.17 Documentação

É necessário um manual de referência que contenha instruções escritas pormenorizadas, um manual do utilizador, etc., para utilizar com êxito o pacote de software de automatização de bibliotecas. O manual de referência pode ser utilizado para preencher quaisquer lacunas que surjam após o programa de formação. O manual desempenha um papel importante na utilização, compreensão e facilidade de aprendizagem do software. Um bom manual deve conter um índice, um glossário, **um** índice e uma opção de ajuda, como se mostra no quadro seguinte.

Quadro 17: Documentação

Nome do software Embalagem	Manuel	Forma do manual	Tabela de Conteúdo	Glossário	Índice	Opção de ajuda
AFW	Sim	Cópia impressa	Sim	Sim	Sim	Sim
ALMA	Sim	Cópia impressa	Sim	Não	Não	Sim
Lib Info	Sim	Hardware/cópia digital	Sim	Sim	Sim	Sim
LMS	Não	Não	Não	Não	Não	Não
MIDAS LMS	Não	Não	Não	Não	Não	Não

De acordo com a tabela acima, o 17 Alice for Windows tem um bom manual com todas as funções. O manual facilita a compreensão do software. O SOUL tem um manual sem glossário ou índice. De acordo com o bibliotecário, o LMS e o MIDAS LMS não têm um manual e vão desenvolver um em breve.

8.18 Serviço ao cliente

A formação e a manutenção dos pacotes são aspectos essenciais do serviço pós-venda. A formação é muito importante. O fornecedor deve indicar o apoio prestado com o software. Alguns pacotes de software têm grupos de utilizadores associados e a participação nestes grupos pode ser uma fonte valiosa de informação sobre o pacote. Os editores de software emitem normalmente boletins informativos ou actualizações de informação para os utilizadores, de modo a mantê-los a par dos novos desenvolvimentos do software.

Quadro 18 Assistência ao cliente

Menu e opções disponíveis	Nome do software				
	AFW	ALMA	Lib Info	LMS	MIDAS LMS
Apoio à procura	Y	Y	Y	Y	Y
Apoio no local	Y	Y	Y	Y	Y
Actualizações contínuas de software	Y	Y	Y	Y	Y
Suporte Internet em tempo real	-	-	-	-	-
Formação	Y	Y	Y	Y	Y
Serviço de grupos de utilizadores	-	-	-	-	-
Grupo de discussão por correio eletrónico	Y	-	Y	Y	-
Serviço de boletim informativo	-	-	-	-	-

O quadro 18 mostra que todos os pacotes de software oferecem apoio a pedido, apoio no local, actualizações contínuas do software e formação. No entanto, o fator notável é que nem todos têm a capacidade de fornecer apoio em tempo real pela Internet, um serviço de grupo de utilizadores e um serviço de boletim informativo.

8.19 Custo do software

O objetivo de um fornecedor de software comercial é ganhar dinheiro e boa vontade oferecendo software fiável e de nível internacional. Não pode oferecer o software gratuitamente. O software comercial implica custos de aquisição inicial, licenciamento e actualizações. Além disso, os criadores cobram custos adicionais pela personalização, formação no local, conversão de dados de outros SGBD/fontes de dados, contratos de manutenção anuais e apoio ao cliente. O software desenvolvido localmente é, no entanto, pouco dispendioso em comparação com o software certificado normalizado. Alguns pacotes de software desenvolvidos com recurso a software de fonte aberta podem ser disponibilizados gratuitamente e só oferecem distribuição paga. O custo do software, a sua duração e condições, as taxas anuais de manutenção e a disponibilidade de versões actualizadas são apresentados no quadro seguinte.

Quadro 19: Custos de software (em agosto de 2007)

Detalhes	Nome do software				
	AFW	ALMA	Lib Info	LMS	MIDAS LMS

Custo real do software	EUA 6,000/-	IC Rs.50.000/-	NC Rs. 75,000/-	US $ 2.000/-	NC Rs.30.000/-
Duração e disponibilidade do software	Comprar	Comprar	Comprar	Comprar	Comprar
Dispositivo de manutenção	Sim	Sim	Sim	Sim	Sim
Custo da manutenção anual	£250	Não especificado	Rs.15,00030,000	Grátis	Rs. 5.000
Disponibilidade da versão actualizada (gratuita/paga)	Grátis	Grátis	Grátis	Compensação	Grátis

A tabela acima mostra que todos os programas são pacotes de software comercial. O AFW parece ser o mais barato de todos os pacotes e custa cerca de 6.000 dólares americanos, o SOUL está disponível por 50.000 rúpias IC, o LibInfo por 75.000 rúpias NC, o LMS custa 2.000 dólares americanos e o MIDAS LMS está disponível apenas no Nepal por 30.000 rúpias. As actualizações destes pacotes de software são fornecidas gratuitamente quando são desenvolvidas, com exceção dos pacotes LMS, embora não tenha sido mencionado o seu custo. No que respeita à manutenção, está disponível um contrato de manutenção anual (AMC) para todos os pacotes. A SOUL não mencionou se o fornecedor cobra ou não por este serviço. O fornecedor de LMS não cobra pela manutenção, mas oferece um serviço gratuito. Mas a AFW, a LibInfo e a MIDAS LMS cobram cada uma 250 libras, 15 000-30 000 rúpias, 5 000 rúpias.

8.20 Avaliação do software

Para determinar em que medida um produto de software mantém a sua posição competitiva, é necessário avaliar quantitativamente se o produto de software é mais forte ou mais fraco do que os seus concorrentes próximos para cada fator-chave de sucesso do produto de software e para cada recurso e capacidade competitiva. A análise da concorrência revela os principais factores de sucesso e de concorrência que distinguem o software do software mais fraco. A análise da concorrência e os dados de avaliação comparativa fornecem uma base para avaliar os pontos fortes e as capacidades dos concorrentes no que diz respeito aos factores competitivos do software, como a tecnologia (linguagem de programação), a gestão operacional, o serviço e o apoio, a longevidade, o OPAC, a funcionalidade e o reconhecimento internacional.

Quadro 20: Avaliação do software

Variáveis	Nome do software				
Principal fator de sucesso/medida forte	AFW	ALMA	LMS	LibInfo	MIDAS LMS
Tecnologia (linguagem de programação)	9	8	8	8	8
Actividades domésticas	10	9	7	9	7
Serviço e apoio	9	8	7	8	7
Longevidade	10	9	5	5	5
OPAC	9	8	7	7	6
Características e funções	10	9	7	8	7
Reconhecido internacionalmente	10	8	3	4	3
Avaliação global não ponderada da força	68	60	44	49	43
Classificação	1	2	4	3	5

Escala de classificação: 1=muito fraco, 10=muito forte

8. Avaliação global ponderada da força

Principal fator de sucesso/medida forte	Peso	Nome do software				
		AFW	ALMA	LMS	LibInfo	MIDAS LMS
Tecnologia (linguagem de programação)	0.20	1.80	1.60	1.60	1.60	1.60
Actividades domésticas	0.20	2.00	1.80	1.40	1.80	1.40
Serviço e apoio	0.15	1.35	1.20	1.05	1.20	1.05
Longevidade	0.10	1.00	0.90	0.50	0.50	0.50
OPAC	0.10	0.90	0.80	0.70	0.70	0.60
Características e funções	0.15	1.50	1.35	1.05	1.20	1.05
Reconhecido internacionalmente	0.10	1.00	0.80	0.30	0.40	0.30
Avaliação global não ponderada da força	1.00	9.55	8.45	6.60	7.40	6.50
Avaliação global ponderada da força		1	2	4	3	5

Escala de classificação: 1=muito fraco, 10=muito forte

O quadro acima mostra a pontuação consolidada para os cinco pacotes de software avaliados. Uma comparação das pontuações globais de força não ponderada e ponderada mostra que o Alice for Windows (AFW) obtém os melhores resultados e está em primeiro lugar com uma pontuação consolidada de 68 (9,55). O SOUL vem em segundo lugar com uma pontuação de 60 (8,45). Segue-se o LibInfo com uma pontuação de 49 (7,4) e o LMS com uma pontuação de 44 (6,60). O MIDAS LMS tem uma pontuação baixa de 43 (6,50). Note-se que os valores consolidados foram obtidos através da soma de todos os valores das categorias após normalização pelos respectivos pesos das categorias.

Capítulo 9

9. Resumo, conclusões e recomendações

9.1 Resumo

Nos últimos anos, registaram-se enormes mudanças na tecnologia a nível mundial. Graças às modernas tecnologias da informação, o trabalho pode ser efectuado de forma mais eficaz e eficiente do que nunca, utilizando menos mão de obra. Muitas empresas conseguem melhorar a sua produtividade, eficiência e rendibilidade graças às tecnologias da informação. Para aumentar a produtividade e a rentabilidade, estas tecnologias da informação avançadas podem ser utilizadas em todos os sectores, todas as organizações e todos os departamentos. A biblioteca é o principal local onde estas tecnologias são utilizadas para tornar o trabalho eficaz e eficiente.

Este estudo apresentou os diferentes tipos de software utilizados nas bibliotecas científicas do Nepal. O estudo comparativo centra-se no software comercial e fornece aos profissionais das bibliotecas orientações para a seleção e desenvolvimento de software adequado. O principal objetivo do estudo é fornecer aos bibliotecários algumas ideias básicas que podem ajudá-los a selecionar um pacote de software adequado para a automatização da biblioteca.

A introdução das TI nas bibliotecas tem um impacto nas expectativas da biblioteca e dos seus utilizadores. A introdução de um sistema computorizado na biblioteca é uma necessidade para servir os professores, investigadores e todos os leitores da universidade, faculdades e nação. A informatização não só satisfará os leitores, como também tornará as operações da biblioteca rápidas, simples e transparentes. A automatização das bibliotecas é uma necessidade urgente nas bibliotecas universitárias. Os bibliotecários precisam de pensar e discutir um software integrado de automatização de bibliotecas para as suas respectivas bibliotecas. De facto, existe uma grande necessidade de serviços de biblioteca e de informação baseados na Web para os utilizadores finais.

Ajudar a alcançar a excelência na ciência, investigação e desenvolvimento, aconselhamento e interação com o ambiente externo.

Entre as bibliotecas universitárias, a Universidade de Kathmandu utiliza o software SOUL e a Biblioteca Central da Universidade de Tribhuvan ainda tem o CDS/ISIS e está atualmente a instalar o software integrado LibInfo. Do mesmo modo, a Universidade de Pokhara e a Biblioteca BPKIHS utilizaram o WINISIS, enquanto as restantes universidades se mantiveram afastadas das TI nas suas bibliotecas. No entanto, algumas bibliotecas universitárias estão a tentar passar para um ambiente automatizado com novo software.

Escolher o software correto é sempre uma tarefa difícil para os gestores de bibliotecas. A escolha do software de automatização deve ter em conta as necessidades actuais, os requisitos a longo prazo, os requisitos de hardware e software, os recursos financeiros da biblioteca e o apoio ao cliente prestado pelos criadores de software. O software concebido e desenvolvido por editores de software comercial é económico. Além disso, após o período de garantia, serviços como actualizações de software, resolução de problemas e manutenção anual, etc., são também dispendiosos e representam, naturalmente, um encargo financeiro recorrente significativo.

No entanto, uma avaliação é muito importante para escolher o software correto para a automatização da biblioteca. Existem muitos directórios e outras ferramentas para ajudar os bibliotecários a escolher o software adequado para as suas bibliotecas, mas escolher o software certo não é suficiente. É por isso que o estudo forneceu aos bibliotecários nepaleses orientações para selecionar ou desenvolver pacotes de software adequados. Ao escolher um determinado pacote de software, a equipa de seleção de software tem de prestar mais atenção às áreas da tecnologia, serviços e funcionalidade, questões de segurança e autenticação, considerações de custo e manutenção a longo prazo, a relação custo-eficácia do fornecedor e a formação e documentação do software. O estudo apresenta uma análise comparativa do software comercial (SOUL, AFW, MIDAS LMS, LibInfo, LMS) utilizado nas bibliotecas das instituições académicas de Katmandu.

Para serem bem sucedidas no século atual, as bibliotecas têm de se tornar mais proactivas e centradas no cliente. Os principais desafios que se colocam às bibliotecas científicas são os desafios tecnológicos, a falta de recursos, a falta de conhecimentos especializados, a falta de formação, a falta de interesse pela gestão das bibliotecas, a falta de Política Nacional de

Informação (PNI), o fornecimento irregular de energia, a rede LAN/WAN, as avarias frequentes dos computadores e das ligações à Internet.

9.2 Conclusões

1. O Nepal tem seis universidades e uma universidade reconhecida. O número total de instituições afiliadas, constituintes e privadas em todo o país, que respondem perante estas universidades, é de aproximadamente 548. Destas 548 instituições, 246 estão localizadas em Katmandu. Destas, apenas 30 bibliotecas foram inquiridas, incluindo a universidade que automatizou as suas bibliotecas. As outras bibliotecas não foram incluídas porque não utilizavam software de biblioteca para automatizar as suas bibliotecas.

2. A maioria das bibliotecas científicas, 17 (56%) em 30, utiliza o software de código aberto CDS/ISIS e WINISIS. Apenas 9 (30%) bibliotecas utilizaram outro software comercial e 5 (16%) utilizaram software interno criado por estudantes no âmbito de um projeto de automatização da sua biblioteca.

3. Verificamos também que apenas 6 das 12 universidades públicas utilizam o CDS/ISIS e que 14 das 18 universidades privadas utilizam o CDS/ISIS e software interno. É evidente que os bibliotecários das instituições públicas estão mais familiarizados com a automatização das bibliotecas do que os bibliotecários das instituições privadas. No entanto, a maioria das instituições académicas, públicas ou privadas, continua a utilizar o CDS/ISIS.

4. A maioria das bibliotecas académicas do Nepal utiliza o software CDS/ISIS e WINISIS da UNESCO, uma vez que estão disponíveis gratuitamente. Outra razão é a disponibilidade de cursos de formação oferecidos por muitos estabelecimentos de ensino

e até prescrito no programa de estudos do Mestrado em Biblioteconomia e Ciência da Informação na TU.

5. Todas as bibliotecas seleccionadas utilizaram o CDS/ISIS para armazenar as suas colecções e aceder à informação através do catálogo informatizado, e todos os pacotes de software oferecem a possibilidade de conversão retroactiva da base de dados CDS/ISIS para o pacote de software recentemente instalado, com exceção do MIDAS LMS.

6. A maioria das bibliotecas científicas tem utilizado software desenvolvido localmente.

7. Resultados dos pacotes de software utilizados nas bibliotecâs científicas seleccionadas :

- Todas as actividades de concierge são suportadas por todo o software de automatização de bibliotecas. Mas alguns serviços avançados e de valor acrescentado estão ausentes do software local, como o LMS e o MIDAS LMS.

- As linguagens de programação do software escolhido são diferentes, mas a técnica de armazenamento de dados é semelhante para todos os pacotes.

- Apenas a AFW e a SOUL dispõem de um serviço de empréstimo à distância.

- O MIDAS LMS não dispõe de alguns elementos do módulo de gestão de séries, como o processamento de encomendas, a autorização e a faturação, o acompanhamento das reclamações, o apoio por correio eletrónico e os lembretes.

- Embora a indexação automática de artigos desempenhe um papel importante na investigação, só está disponível no Alice para Windows (AFW).

- A geração de códigos de barras não está disponível no pacote LMS.

- O LMS e o MIDAS LMS não seguiram o formato de intercâmbio de dados MARC para a introdução de dados, mas desenvolveram o seu próprio formato.

- O MIDAS LMS não oferecia determinados serviços, como o formato de intercâmbio de dados, a indexação de artigos, a conversão retroactiva e o suporte de rede.

- Com base na escala de classificação, Alice for Windows é o melhor software entre os programas seleccionados.

8. Para além das bibliotecas académicas, as bibliotecas públicas e outras, como o British Council e o Centro SAARC de Tuberculose, instalaram o software de automatização de bibliotecas ALICE for Windows (AFW) e a biblioteca americana utilizou o "Sage Brush Info center".

9.3 Tópicos importantes

9.3. 1. software criado localmente

O inquérito revelou que a maioria das bibliotecas científicas utilizava pacotes de software locais para a automatização. A TUCL instalou recentemente o software local LibInfo. Verificou-se também que muitas outras bibliotecas universitárias privadas utilizam bases de dados simples apenas para armazenar documentos criados pelos estudantes no âmbito dos seus projectos. Estes tipos de bases de dados ou têm operações internas ou outras facilidades que podem causar problemas no futuro ao perderem os seus registos e ao depurarem os dados.

9.3. 2. falta de mão de obra formada

As bibliotecas científicas do Nepal têm muito pouco pessoal qualificado. Consequentemente, não conseguem prestar serviços adequados a estudantes, professores e investigadores. Algumas bibliotecas de universidades e colégios empregam também especialistas não bibliotecários.

Os dados mostram que menos de 15% das 548 bibliotecas universitárias do Nepal têm pessoal formado. Mesmo a biblioteca central da Universidade de Katmandu, conhecida como a primeira biblioteca universitária automatizada do país, tem apenas um bibliotecário profissional. A maioria dos bibliotecários profissionais está sediada no vale de Katmandu.

Devido à falta de instalações e oportunidades, não estão interessados em deixar o Vale de Katmandu.

9.3. 3. falta de oportunidades de formação

A maior parte do pessoal das bibliotecas científicas do Nepal recebeu formação em bibliotecas tradicionais. É difícil para eles adaptarem-se às exigências da era eletrónica. Enquanto o pessoal das bibliotecas não tiver formação em novas tecnologias, será impossível utilizar o novo software. Se não for esse o caso, as bibliotecas não poderão prestar serviços de qualidade de forma efectiva e eficiente. Não poderão fornecer informação actualizada disponível em linha. A maioria das instituições académicas não dá prioridade à formação interna e externa do pessoal das bibliotecas.

9.3. 4. recursos insuficientes

Quase todas as bibliotecas de universidades e colégios do Nepal estão a enfrentar dificuldades financeiras. Sem uma situação financeira sólida, as bibliotecas não podem fornecer aos utilizadores a informação de que necessitam. Os colégios e universidades estatais não dispõem de um orçamento fixo suficiente ou de outras fontes de rendimento.

9.3. 5. ausência de uma política nacional de informação

Não existe um organismo público que se ocupe de todas as actividades das bibliotecas e centros de informação. A formulação de estratégias, a identificação de necessidades e recomendações para os serviços de biblioteca em diferentes domínios e disciplinas e o seu acompanhamento e avaliação regulares não são efectuados por nenhuma organização reconhecida. Não existe nenhuma organização no Nepal que seja responsável pelo desenvolvimento de uma Política Nacional de Informação (PNI) e pela coordenação das actividades.

9.4 Recomendações

As recomendações que se seguem baseiam-se nos resultados deste estudo. As recomendações destinam-se a servir de guia para todas as bibliotecas em geral e, em particular, para as bibliotecas de universidades e colégios do Nepal que tencionam automatizar os seus processos bibliotecários. As recomendações são dirigidas às administrações das universidades e colégios, aos bibliotecários, a outros bibliotecários e aos decisores políticos.

9.4. 1 Instalação do pacote de software standard

O software normalizado de biblioteca deve ser instalado para responder às necessidades actuais e futuras das bibliotecas universitárias e universitárias. Com efeito, este tipo de software é mais fiável, mais eficiente, mais flexível, extensível, seguro, de fácil utilização, baseado em módulos e atualizado com as tecnologias mais recentes.

No contexto do cenário nepalês, muito poucos institutos académicos utilizaram este tipo de software. A maioria das bibliotecas de colégios e universidades utiliza pacotes de software autóctones que pouco contribuem para facilitar os processos e serviços da biblioteca e podem causar problemas a longo prazo. Alguns destes pacotes também não estão em conformidade com as normas internacionais, tais como **AACR-2, CCF, MARC 21** e **ISO 2709.** Por conseguinte, recomenda-se que as bibliotecas universitárias e universitárias utilizem software de biblioteca normalizado para a sua automatização.

O estudo mostra que o Alice for Windows (AFW) é o melhor software de biblioteca entre os cinco pacotes de software comercial utilizados nas bibliotecas científicas do Nepal. Tem três tipos de módulos adequados a todas as dimensões de bibliotecas e quatro versões diferentes - a versão para bibliotecas públicas, a versão para bibliotecas especiais, a versão para bibliotecas académicas e a versão para bibliotecas escolares. Por conseguinte, qualquer tipo de organização pode utilizar este software.

Do mesmo modo, o software para bibliotecas universitárias (SOUL), desenvolvido pela INFLIBNET e utilizado em toda a Índia (instalado em

1384 instituições) e noutros países. A Universidade de Kathmandu, no Nepal, também utilizou o SOUL. Está também disponível numa versão para bibliotecas universitárias. A SOUL está em conformidade com normas reconhecidas internacionalmente, tais como AACR-2, CCF,

MARC 21 e ISO 2709. É suficientemente flexível para ser utilizado para automatizar bibliotecas de todos os tipos e dimensões a um preço acessível.

No Nepal, verificou-se que muitas bibliotecas estão prontas a passar do ISIS para outro software, uma vez que não conseguem gerir funções de biblioteca como o elevado volume de empréstimos, aquisições, controlo de periódicos e funções contabilísticas. Por conseguinte, recomenda-se que o AFW e o SOUL sejam utilizados como software padrão para a automatização das bibliotecas.

9.4. 2. mão de obra formada

Os bibliotecários devem estar equipados com as competências necessárias para encontrar o software correto para as necessidades da sua biblioteca. As pessoas mais importantes para o sucesso da informatização das bibliotecas são os bibliotecários. Eles conhecem bem o seu trabalho e devem estar na melhor posição para decidir quais as funções que devem ser informatizadas e quais as que não devem.

As bibliotecas de todo o país ainda não dispõem de um número suficiente de bibliotecários profissionais. Consequentemente, muitas bibliotecas de colégios e universidades não têm o número necessário de bibliotecários profissionais. É lamentável que a Universidade de Purvanchal e a Universidade Mahendra Sanskrit não disponham de pessoal profissional nas suas bibliotecas.

A Universidade de Tribhuvan, Departamento de Biblioteconomia e Ciência da Informação (DLIS), tem um curso de Mestrado em Biblioteconomia que forma 22 profissionais por ano. No entanto, este curso ajuda a satisfazer as necessidades do país. Para que a automatização nas bibliotecas académicas do Nepal seja um sucesso, recomenda-se que estas bibliotecas incentivem o seu pessoal especializado a obter pelo menos uma licenciatura em informática ou uma qualificação equivalente. Em alternativa, os programas de estudo de LIS devem incluir uma vertente informática abrangente no seu currículo.

Além disso, a comissão de planeamento deve desenvolver uma estratégia adequada para o desenvolvimento da força de trabalho. Devem ser impostos determinados objectivos, normas e padrões para um modelo uniforme de ensino e formação em LIS no país. Outras universidades deveriam também introduzir cursos de LIS para uma formação profissional competitiva. Deveriam ser organizados regularmente cursos de curta duração sobre a automatização das bibliotecas.

9.4.3 Organizações de formação

A formação é a principal atividade que desempenha um papel importante no desenvolvimento dos bibliotecários.

A maioria das instituições académicas do Nepal não dá prioridade à formação do pessoal das bibliotecas. Por conseguinte, recomenda-se que sejam desenvolvidas e proporcionadas oportunidades de formação adequadas para formar o pessoal das bibliotecas na utilização de computadores, particularmente na utilização de software e hardware existentes, com experiência prática adequada. Estas oportunidades de formação ajudarão a resolver o problema da falta de pessoal qualificado e formado. A formação torna o pessoal mais competente e empenhado no seu trabalho, o que incentiva a iniciativa, aumenta a produtividade, reduz os custos, melhora as competências e os conhecimentos do pessoal, contribui para a resolução de problemas e aumenta a sensibilização para as regras e procedimentos. A formação deve, por conseguinte, ser contínua.

A formação pode ser ministrada no local de trabalho ou fora dele. No primeiro caso, o trabalhador recebe formação sob a orientação de um supervisor, ao passo que a formação fora do local de trabalho é geralmente ministrada através de apresentações, conferências, estudos de casos, meios audiovisuais, etc.

Por conseguinte, é essencial oferecer a todos os empregados e gestores da empresa formação em pacotes e software de biblioteca, bem como cursos avançados de informática, para que sejam competentes e capazes de lidar com os vários problemas associados às modernas tecnologias da informação.

9.4. 4. recursos adequados

Os vários serviços de informação que podem ser oferecidos nas bibliotecas dependem da sua boa situação financeira. A escalada do custo do material de leitura, por um lado, e o enorme custo das infra-estruturas, por outro, significam que as bibliotecas científicas sofrem de um fluxo insuficiente de fundos. Ao mesmo tempo, o preço do software está a aumentar de dia para dia com o número de serviços avançados e de valor acrescentado integrados no pacote de automatização da biblioteca. Devido ao elevado custo e à falta de dinheiro, as bibliotecas não podem adquirir software internacional de automatização de bibliotecas.

As administrações das universidades e colégios devem, por conseguinte, afetar fundos suficientes para a automatização das suas bibliotecas. As seguintes instituições podem também contribuir para o financiamento da automatização das bibliotecas:

- A Comissão de Bolsas Universitárias deveria também conceder subvenções durante a fase inicial do projeto de automatização.
- A universidade deve também desempenhar um papel ativo na angariação de fundos.
- Os colégios e universidades deveriam também cobrar certas taxas adicionais a cada estudante no momento da admissão, que deveriam ser utilizadas exclusivamente para a automatização das bibliotecas.

9.4. 5. política nacional de informação

Criação de um comité especial para o projeto de automatização da biblioteca

A tarefa de avaliação do software de biblioteca pode ser efectuada a nível nacional. Para o efeito, deve ser criado um Comité de Avaliação de Software (SEC). Sugere-se também que seja nomeado um comité de TI em cada biblioteca universitária, composto por bibliotecários e pessoal de TI, para tratar das actividades de automatização. Este comité deve avaliar o pacote de software da biblioteca antes da sua implementação.

Por conseguinte, é necessário um SEC a nível nacional. Este comité deve analisar regularmente os progressos e propor alterações. O comité discute problemas e obstáculos e encontra soluções. Convence a UGC ou a administração superior a afetar recursos adequados à automatização das bibliotecas e à manutenção de bibliotecas automatizadas.

9.4. 6. automatização e ligação em rede das bibliotecas

Na era da explosão da informação, a recolha, o processamento, o armazenamento e a disseminação da informação tornaram-se uma questão cada vez mais importante. O intercâmbio e a partilha de vastos recursos de informação entre bibliotecas de todo o mundo têm sido facilitados pelas tecnologias informáticas e de telecomunicações. Para o efeito, é essencial tomar medidas imediatas para automatizar e ligar em rede as bibliotecas, a fim de prestar um serviço eficiente e rápido aos estudantes, faculdades e investigadores.

BIBLIOGRAFIA

Adeniran, Olatunde R. (janeiro de 1999). *Library software in use in South Africa: a comparative analysis of search engines, database development and maintenance tools*. The Electronic Library, vol. 17 (1).

Ahmad, Dawood (1993). *Pacotes de software disponíveis* na *Índia para bibliotecas: um estudo comparativo*. Tese de doutoramento não publicada apresentada ao Centro Nacional de Documentação Científica da Índia, Nova Deli.

Airy, Chet Bahadur (1999). *Criação de uma bibliografia referente à literatura sobre saúde 1995-1998 utilizando o software CDS/ISIS*. Relatório de projeto não publicado apresentado ao Departamento Central de Biblioteconomia e Ciência da Informação, Universidade de Tribhuvan, Nepal.

Amatya, P.P. (julho de 2005). *Public library development in Nepal and some problems to be resolved*. TuLSSAA, vol. 3 (1) p. 32-36.

Aryal, Rudra Prasad (julho de 2005). *Library automation at Kathmandu University*. TULSSAA, vol.4, (1).

Bhardwaj, Rajesh Kr. e Shukla, R.K. (2000). *Uma abordagem prática para Automatização de bibliotecas*. Library Progress (International), vol. 20 (1), pp. 1-9 (recursos em linha, acedido em 06.05.2007).

Boss, Richard W. (1990). *The Library Manager's Guide to Automation*. 3 ed., Boston: GK Hall.

Associação de Computadores do Nepal (2005). Relatório *do inquérito nacional sobre a mão de obra no sector das TI*.

Dehigama, Kanchana (2006). *A comparative study of library management software packages used in academic libraries in Sri Lanka (Estudo comparativo de pacotes de software de gestão de bibliotecas utilizados em bibliotecas académicas no Sri Lanka)*. Dissertação de doutoramento não publicada apresentada ao National Institutes of Science communication and Information Resources, Nova Deli.

Goh, Dion Hoe-Lian (2006). *A Checklist for Evaluating Open Source Digital Library Software Online Information Review*, vol.30 (4), pp. 360-379 (Recursos online consultados em 06 05, 2007).

Hutchings, F.G.B. (1969). *Library Science; A brief manual*. Oxford: Oxford University Press.

INSDOC (1998). *Granthalaya; Um pacote de automatização de bibliotecas,* manual de formação.

Joes, A. (1997). *LIBSYS; A solution for library automation and networking*: Lucknow Librarian vol.29 (12), p.40-42.

Joint, Nicholas, editor. (2006). *Evaluating library software and usability.* Library Review, vol. 55 (7) p. 393-402 (www.emeraldinsight.com acedido em 15.03.2007).

Kothari, C.R. (1989), *Research methodology, methods and techniques.* Nova Deli: Wiley Estern.

Mahmood, Khalid M. (1998). *The Development of the LAMP (Library Automation and Management Program) Software for use in Developing Countries and its Marketing in Pakistan,* Program, vol.32 (1). (Recursos em linha, consultados em 06.05.2007).

Malik, Khalid Mahmood (1994). *The status of library automation in Pakistan.* Library Review, Vol. 45 (Recursos em linha consultados em 21. 05. 2007).

Malwad, NM (março de 1995). *Critérios de seleção de software de automatização de bibliotecas.* Boletim DESIDOC de Tecnologia da Informação, vol. 15, (2), p. 1726

Mandal, Sujata e Jeevan, VKJ (2006). *Constraint for evaluating acquisition operations and vendor performance using LibSys.* Annals of Library and Information Studies. vol.53, pp.126-133.

Mc Sinha, Pradeep K. e Sinha, Priti (2003). *Computer Fundamentals; Concepts, Systems and Applications.* Nova Deli: BPB Publications.

Mishra, R. K. (fevereiro de 2000). *Partilha de recursos; a terceira dimensão da automatização de bibliotecas,* ALIBER- Chennai.

Moyo, Lesley M. (2004). *The Electronic Library.* vol. 22(3), pp. 220-230 (www.emeraldinsight.com, consultado em 06.04. 2007).

Muir, Scott P. (2005). *Uma introdução ao tema do software de fonte aberta.* Library Hi Tech, vol. 23 (4), p. 465-468, (recursos em linha consultados em 06 05, 2007).

Mukhopadhyay, Partha Sarathi (2005). *Avanços no software de gestão, um cenário indiano.*

Patel, D.R. e Bhargava, R. (1995). *Estudo comparativo do software de automatização de bibliotecas disponível no mercado indiano.* DESIDOC Bulletin of Information Technology vol.15 (3), pp.29-34.

Pradhan, Mohan Raj, (1995). *Library Automation with Reference to CDS/ISIS Pascal,* Dharan: B.P. Koirala Institute for Health Sciences.

Ramesh, LSRCV (julho-outubro de 1998). *Questões técnicas de automatização em bibliotecas académicas - uma visão geral.* Herold of Library Science, vol. 37, (4).

Rasid, Abdul (1996). *Library Automation an Overview.* Library Science, Vol. 33, pp. 45-54 (recursos em linha consultados em 06.05.2007).

Revista Reuters (1997).

Rowley, J.E. (1993). *Seleção e avaliação de software.* ASLIB Proceedings, vol. 45, (3), pp.77-81.

Sakya, Raju, (1996). *Requisitos para a automatização da biblioteca no British Council.* Um relatório de projeto não publicado apresentado ao Departamento Central de Biblioteconomia e Ciência da Informação, Universidade de Tribhuvan, Nepal.

Sharma (Subedi), Madhusudhan (1990). *Fundamentals of library and information science.* Nova Deli: Nirala Pub.

Sharma, S.K. (1993). *Library Computerization; Theory and Practice.* Nova Deli: Ess Ess Pub.

Sharma, Shova (1997). *O desafio da automatização das bibliotecas.* Lucknow Librarian, Vol. 29, (1-4) p. 16.

Shrestha, Ratna Kumari (2000). *Preparation of Bibliographic Index on Serial Article of Health Science Literature With Reference to CDS/ISIS Software Package*, Relatório de projeto não publicado apresentado ao Departamento Central de Biblioteconomia e Ciência da Informação, Universidade de Tribhuvan, Nepal.

Singh, Anil (1998). *Compatibilidade dos pacotes de software de automatização de bibliotecas com multimédia.* Herald of Library Science, Vol. 37 (3-4), pp. 184-188.

Sinha, Manoj Kumar e Satpathy, Kishor Chandra (2004). *Library automation and networking for managing library information services.*
Indian Journal of Information, Library and Society (IJLIS), vol. 17 (3-4), p. 118-13. 17 (3-4), p. 118-13.

Suku, J. e Pillai, Mini G (2005). *Perspectivas de automatização das bibliotecas académicas em Kerala, situação, problemas e perspectivas.* (Recursos em linha, acedido em 06.05.2007).

[th]*The New Encyclopedia Britanica; Macropedia Knowledge in Depth,* 15 ed. (1998). v.22, Chicago : Encyclopedia Britanica Inc. p. 959.

Comissão para a Promoção das Universidades (2005/2006). Nepal. Relatório anual.

Vaishnav, A. e Bapal (1995). *Library Automation; A Feasibility Study.*
Boletim informativo DESIDOC sobre tecnologias da informação, vol. 15(2).

Wright, K. C. (1996). *Tecnologias relacionadas com o computador nas operações da biblioteca.*
Vermont: Gower, p. 5-7.

Webliografia

http://www.winisis

http://www.google.com/technology Acesso em 12.04.2007

http:// koha.org. Acedido em 26.03.2007

http://www.LibSys.co.in/home.html Acesso em 21.04.2007

http://www.tu.edu.np Acesso em 28.02.2007

http://www.tucl.org.np Acesso em 28.02.2007

http://www.ku.edu.np Acesso em 29.02.2007

http://www.softlikasia.com Acesso em 09.04.2007

http://www.wikipedia.com Acedido em 13.04.2007 http://www.emeraldinsight.com

Acedido em 15. 02. 2007 http://drtc.isibang.ac.in Acedido em 13. 03. 2007

http://www.opensource.org Acesso em 12.04.2007

http:// www.wikipedia.org Acesso em 23.05.2007

APÊNDICE

PERGUNTAS

Software de biblioteca utilizado em bibliotecas de universidades e faculdades no Nepal: um estudo comparativo

1. Dados pessoais:

I. Nome : ....

II. designação :...

III. Número de contacto : ....

IV. Número de telefone (Res.) : ....

V. Correio eletrónico :..

2. Informações sobre a empresa

I. Nome :...
Tipo de estabelecimento : Privado/público

II. Endereço: ....

III. Número de telefone (desligado) : ..... FaxEmail......................

IV. Ano da criação :..

3. Perfil da biblioteca :

I. Nome :..
II. Orçamento da biblioteca (2006) :..
      a. Orçamento total para a automatização, se aplicável : ....
          I.   Para equipamento : ....
          II.   Para o software :...
III. Número de bibliotecas da faculdade : ....

4. Recursos da biblioteca

1. Toda a coleção :

CategoriaNúmero de   itens

    a. Livros   ....
    b. Revistas   ....
    c. Tese de doutoramento/dissertação final............

    d. CD-ROMs   ....

    e. Relatórios   ....

I.   Recursos humanos **CategoriaNúmero de   pessoas**

    a. Profissional   ....

    b. Paraprofissional   ....

    c. Não profissional   ....

II.   **Categoria de utilizadorNúmero de   utilizadores**

    a. Pessoal académico   ....

    b. Pessoal não académico   ....

    c. Estudantes de licenciatura   ....

    d. Estudantes de pós-graduação   ....

    e. Todos os outros   ....

III.   Que serviços bibliotecários esperam os utilizadores de uma biblioteca automatizada?

    a. OPAC   ....

    b. Livro   ....

    c. Correio automático   ....

    d. Tráfego rápido   ....

    e. Todos os outros

5. Pormenores do pacote de software da biblioteca :

I.   Nome dos pacotes de software :...

II.   Endereço da organização/instituição que desenvolveu o pacote :

III.   Tipo de pacote de software que escolheu [proprietário [ ] fonte aberta [ ] freeware

d. Qual a eficácia do sistema de recolha de dados?

i. Excelente

ii. Bom

iii. Errado

iv. Muito mau   [ ]

    a. Se se tratar de software proprietário, pode comprá-lo? Sim [ ] Não [ ]

IV.   o ano de início da automatização:...

V.   Opções de personalizaçãoSim   [ ] Não[ ]

VI.   Módulos disponíveis

    a. AquisiçãoSim   [ ]   Não[]

    b. CatalogaçãoSim   [ ]   Não[ ]

    c. OPACYes   [ ]   No[]

    d. TráfegoSim   [ ]   Não[]

    e. Controlo de sérieSim   [ ]   Não[]

    f. Gestão de bibliotecasSim   [ ]   Não[]

g. Todos os outrosSim   [ ]   Não[]

VII. Quais são os obstáculos à automatização das bibliotecas em instituições públicas e
privadas?
a. Falta de recursos
b. Nenhum programa de formação
c. Tendências da mão de obra
d. Manutenção
e. Falta de cultura informática
f. Conceção de um sistema de automatização

VIII. Entrada de dados

a. Número máximo de bases de dados que podem ser criadas :..........
b. Número de campos no conjunto de dados :...................................
c. Os campos do software da biblioteca são
    i. Personalizado   [ ]
    ii.Sistema definido   [ ]
    iii. Comprimento variável   [ ]
    iv. Comprimento fixo   [ ]
    v. Outros (especificar)...

e. O software da sua biblioteca é adequado para: i. MARC
    ii. CCF
    iii.UNIMARK

iv.
  [ ]
  [ ]
  [ ]
Outros (especificar)

f. O pacote de software da biblioteca é compatível com :
    i. Pacote de processamento de texto   [   ]
    ii.Pacote estatístico   [   ]
    iii. Formato ISO-2709   [   ]
    iv. Outros (especificar)...

IX.Sistemas operativos suportados :
a. DOSSim   [ ]   Não[]
b. LINUXSim   [ ]   Não[   ]
c. NOVEL NetWareSim   [ ]   Não[]
d. JANELA (95/98)   Sim[ ]   Não[]
e. WINDOWS NTOui   [ ]   Não[]
f Outros (especificar)...

X. RDBMS/linguagem em que está escrito
a. Básico/Visual BásicoSim   [ ]   Não[]
b. DBASE/FoxBASE/FORXPLUS/CLIPPEROYes   [ ]   Não[ ]
c. FoxPro/Visual FoxProSim   [ ]   Não[]

d. INGRESYes   [ ]   No[]
e. ORACLEYes   [ ]   Não[]
f   C/C++   Sim[ ]   Não[   ]
g. PASCALYes   [ ]   No[   ]
h. Outros (especificar)...

XI. Requisitos de software :

a. PC Pentium III/IV
(Se for outro sistema, especificar) :................................
b. RAM necessária :..
c. Espaço de armazenamento necessário :................................
d. Outros (especificar)..

XII. Dispositivos de entrada/saída suportados :

a. Ecrã a coresSim   []   Não[]
b. ImpressoraSim   []   Não[   ]
c. ScannerSim   []   Não[]
d. Equipamento de código de barrasSim   []   Não[]
e. Equipamento reprográficoSim   []   Não[]
fOutro   (especificar)Sim[   ]   Não[   ]

XIII. É capaz de suportar

a. Tecnologia CDSim   []   Não[]
b. ComunicaçãoSim   []   Não[   ]
c. Capacidade de imagiologiaSim   []   Não[]
d. Abordagem modularSim   []   Não[]
e. MultimédiaSim   []   Não[]

f. Outros (especificar) :..

XIV. O software da biblioteca suporta um sistema de escrita multilingue?

Sim [ ] Não [ ] Em caso afirmativo, indicar a(s) língua(s)................

XV. O software é capaz de satisfazer as necessidades da rede? Sim [ ] Não [ ]

XVI. Conversão retroactiva de dados a. A conversão retroactiva de dados é efectuada
por..
b. Número de elementos de dados transmitidos para conversão retrospetiva
c. O que pensa da conversão retroactiva de dados? ....

6. FUNÇÕES DE BIBLIOTECA

Indicar se o pedido possui os seguintes equipamentos:

I.   CASYYes [ ]   Não [   ]
II.   Serviços de IDSSSim [ ]   Não [   ]
III.   Empréstimo interbibliotecasSim [ ]   Não [   ]

IV.   Seleção, encomenda e compra de   livrosSim [ ]   Não []
V.   Seleção, encomenda e compra de publicações periódicasSim [ ]   Não []
VI.   Serviço de indexação/resumo de   artigosSim [ ]   Não []
VII.   Representação gráfica da   colecçãoSim [ ]   Não []
VIII.   Conta de financiamento e conta orçamental com despesasSim [ ] Não []
IX.   Edição, devolução da reserva e   anulaçãoSim [ ]   Não []
X.   Criação fácil   de bases de dadosSim [ ]   Não []
XI.   Campos repetíveisSim [ ]   Não [   ]
XII.   SubcamposSim [ ]   Não [   ]
XIII.   Capacidade para tratar   dados numéricos   e
        estatísticosSim [ ]   Não [   ]
XIV.   Criação e manutenção de bases de dados bibliográficas Sim   [ ] Não [ ] XV.
XVI.   Capacidade de descarregar dados da   InternetSim [ ]   Não []
XVII.   Verificação das existênciasSim [ ]   Não [   ]
XVIII. Catálogo em linha para acesso do público (OPAC) Sim [ ]   Não []
XIX.   O cartão de guia da biblioteca pode ser obtido através de
        Software de biblioteca
                                                Sim [ ] Não [ ]

7. DESEMPENHO
1.   **Capacidade de imprimir para :**   Sim [ ] Não [ ]
        a. Resumos/artigosSim   [ ]   Não []
        b. Listas de autoresSim   [ ]   Não []
        c. Listas de títulosSim   [ ]   Não []
        d. Listas temáticasSim   [ ]   Não []
        e. Fichas de catálogoSim   [ ]   Não []
            fCartão de membroSim   [ ]   Não []

        g.   Outras observaçõesSim [ ] Não
        [ ]
        h. Outros (especificar) :...

II.   Estratégia de investigação
        a. Pesquisa booleanaSim   [ ] Não [ ]
        b. Pesquisa por palavra-chaveSim   [ ] Não [ ]
        c. Pesquisa baseada em cadeias de caracteresSim   Não [[ ]
        ]
        d. Pesquisa baseada em palavrasSim   [ ] Não [ ]
        e. Pesquisa de truncagem/cartão selvagemSim[ ]Não [ ]
        f. Pesquisa de dicionárioSim   [ ] Não [ ]
        g. Outros (especificar) :...

III.   Tempo médio necessário para obter dados :
        a. Menos de um minuto   [ ]
        b. 1 minuto   [ ]
        c. 2 minutos   [ ]
        d. Mais de 2 minutos   [ ]

IV.   Segurança da base de dados

a. O pacote de software da biblioteca dispõe de um mecanismo para garantir que os dados não são modificados por pessoas não autorizadas ? Sim [ ] Não [ ]
b. Existe alguma forma de gerir diferentes inícios de sessão e palavras-passe?
Sim [ ] Não [ ]
c. É possível restringir o acesso a determinados registos e/ou campos?
d. Configuração da cópia de segurançaSim [ ]   Não [ ]

V.   **Toda a programação necessária**   Sim [ ]   Não [ ]

VI.   **Função de ajuda**   Sim [ ]   Não [ ]

VII.   **Capacidade de importar e exportar dados** Sim [ ] Não [ ]

8. DOCUMENTAÇÃO DE SOFTWARE COMERCIAL

I. Está disponível um manual de trabalho com o pacote de software da biblioteca?   Sim [ ] Não [ ]
Em caso afirmativo, de que forma está disponível?
    a. Eletrónica   [ ]
    b. Cópia impressa   [ ]
    c. Ambos   [ ]

II O manual contém?

    a. Índice   [ ]
    b. Glossário   [ ]
    c. Índice   [ ]
    d. Ajuda Opção   [ ]

1. Se a opção de ajuda estiver disponível, o texto é fácil de compreender.
Sim [ ] Não [ ]

III. faça a sua avaliação do manual

    a. Excelente   []
    b. Muito bom
    c. Bom   []
    d. Mau   []

9. SERVIÇO AO CLIENTE

I. Existe um grupo de discussão por correio eletrónico para o software da biblioteca? Sim [ ] Não [ ]
II. Existe um boletim informativo regular ou uma publicação de informação actualizada

para os utilizadores de software de biblioteca?

Sim [ ] Não [ ]

III. Está prevista uma ação de formação? Em caso afirmativo, especificar: a. Duração da ação de formação.................................
b.   Formação no local
c.   Noutro local

IV. A formação no local para o software da biblioteca está disponível no momento da inscrição:

a.   Apenas instalação   []
b.   Chegada da nova versão   []
c.   Conforme necessário   []

V. Se necessário, quanto tempo demora o técnico de serviço a chegar? a.   2-3   horas
[   ].
b.   1 dia
c.   3 dias   []
d.   1 semana ou mais   []

VI Enquanto cliente, qual o seu grau de satisfação com o serviço de apoio ao cliente: a.
Extremamente satisfeito   [].
b.   Satisfeito
c.   Nem satisfeito nem insatisfeito [ ]
d.   Insatisfeito   []

10. CUSTOS
I.   Qual é o custo real do pacote de software da biblioteca?
II.   Disponibilidade do software da biblioteca :

a.   Comprar   [ ]
b.   Arrendamento   [ ]
c.   Distribuição gratuita   [ ]
d.   Outros (especificar)   ....

III.   Existe manutenção para o pacote de software da biblioteca? Sim [ ] Não [ ]
Em caso afirmativo, especificar :
a. Custos anuais de manutenção :......................

b. Termos e condições (em resumo) :..............

IV.   como as actualizações são entregues:
a.   Livre   [ ]
b.   É necessária uma nova licença para adquirir actualizações
[ ].

c.   Com custos mínimos

11. AVALIAÇÃO :

I. Que problemas tem tido com o software da biblioteca?
a. Falta de clareza por parte do vendedor   Sim [Não [
b. Indisponibilidade de peritos técnicos/especialistas em software
                                                   Sim [ ]   Não [
c. Difícil de utilizar   Sim [Não [
d. Falta de apoio administrativo   Sim [Não [
e. Falta de facilidade de utilização   Sim [ ]   Não [
f Atualização do software   Sim [Não [
g. Serviço ao cliente   Sim [Não [
h. Aquisição de produtos   Sim [Não [
i. Formação   Sim [Não [
j. Se tiver outro problema, indique-o: ....

II.   Tenciona mudar o software de biblioteca que utiliza atualmente? Sim [ ] Não [ ]

   a.   Em caso afirmativo, indique o software de biblioteca que tenciona utilizar

   b.

      i. Indicar o(s) motivo(s) da troca...

      III.   Está satisfeito com as opções de software disponíveis? Sim [ ] Não

I.   Em caso negativo, que medidas tomou para remediar a situação? ....

II.   Propostas concretas para melhorar o pacote de software:

III.   Recomendá-lo-ia a outras bibliotecas? [ ]   Sim [ ] Não

      a. Em caso negativo, que outro software de biblioteca recomendaria (indique pelo
         menos três nomes de outro software de biblioteca, por ordem de prioridade.
                           1 ....
                           2 ....
                           3 ....

"Informatização de bibliotecas de colégios e universidades e como criar pacotes de software de automatização de bibliotecas ".

Visitar

Dr. Mohd Iqbal Bhat

Sabitri Devi Sharma

PREÂMBULO

Este estudo fornece uma avaliação comparativa de pacotes de software de automatização de bibliotecas utilizados em bibliotecas científicas. Centra-se na avaliação do software com base numa série de pontos de controlo importantes. Destaca também a importância da automatização das bibliotecas e das actividades e serviços das bibliotecas.

Devido ao enorme fluxo de informação, a quantidade, a diversidade e a complexidade da informação estão a aumentar rapidamente em todas as áreas do conhecimento. Para controlar e divulgar este fluxo avassalador de informação e satisfazer as necessidades da comunidade de utilizadores, os profissionais de bibliotecas devem aplicar tecnologias avançadas numa biblioteca e em centros de informação.

A tecnologia informática e a disponibilidade de bases de dados electrónicas melhoraram o acesso à informação de uma forma extraordinária. Todas as bibliotecas científicas precisam de planear estrategicamente para satisfazer as necessidades dos clientes que desejam utilizar as novas tecnologias para aceder à informação contida nas bases de dados em todo o mundo.

Para automatizar os serviços da biblioteca de forma eficiente e eficaz, é necessário um pacote integrado de automatização de bibliotecas. Existem vários pacotes comerciais de software de automatização de bibliotecas no mercado. Para satisfazer plenamente os utilizadores e realizar as actividades e funções da biblioteca, é necessário escolher um software competente e adequado que satisfaça as nossas necessidades. Por conseguinte, os bibliotecários e os profissionais da informação devem ter em conta alguns aspectos fundamentais antes de escolherem o software para bibliotecas.

Por conseguinte, é essencial avaliar os pacotes de software adequados a cada biblioteca, académica ou não, em termos de facilidade de utilização, eficiência e relação custo-eficácia. A comparação fornece a base sobre a qual podemos escolher entre alternativas. Uma avaliação é, portanto, fundamentalmente um juízo de valor.

No entanto, a escolha do software é uma questão muito complexa que deve ser discutida pelo comité de seleção com base na observação de peritos para determinar se é adequado. Este estudo fornecerá aos bibliotecários nepaleses orientações para a seleção ou desenvolvimento de pacotes de software adequados.

Este estudo analisa a forma como o software de automatização de bibliotecas transformou as bibliotecas científicas do Nepal ao longo das últimas décadas e especula sobre as mudanças futuras.

O estudo está dividido em nove capítulos. O primeiro capítulo descreve os antecedentes, os objectivos, o desenvolvimento das bibliotecas no Nepal e o âmbito do estudo. Inclui também a importância, as limitações e a metodologia do estudo.

O segundo capítulo contém uma análise da literatura sobre temas relacionados, publicada na Suíça e no estrangeiro. O conhecimento e a experiência de bibliotecários e especialistas, disponíveis em forma documental e eletrónica, tais como livros, relatórios, artigos, teses, fontes da Internet, etc., são examinados criticamente. As declarações e opiniões de especialistas são mencionadas em vários sítios, de acordo com a sua relevância.

O terceiro capítulo apresenta a metodologia do estudo. Inclui a conceção, o modelo do processo de investigação, a população e a amostra, as fontes de dados, o procedimento de recolha de dados e o procedimento de análise de dados.

O quarto capítulo apresenta o software de automatização de bibliotecas: história e comparação, bem como uma panorâmica da automatização de bibliotecas. Descreve a natureza, as necessidades e as características dos pacotes de software para bibliotecas. Destaca também a história da automatização e a sua importância nas bibliotecas modernas. O capítulo descreve a história das tecnologias da informação no Nepal, **a** situação da automatização nas bibliotecas académicas e a razão pela qual o software livre é tão popular no Nepal. Este capítulo também descreve as características e funções de um bom software de biblioteca integrado, que é muito importante para o armazenamento e distinção eficientes da informação. Descreve também os desafios que a automatização coloca às bibliotecas académicas.

O quinto capítulo contém informações gerais sobre as instituições académicas e as suas bibliotecas.

O sexto capítulo descreve os pacotes de software de automatização de bibliotecas utilizados nas bibliotecas científicas do Nepal. Contém descrições pormenorizadas de software como o CDS/ISIS, WINISIS, Alice for Windows, SOUL, Libinfo, LMS e MIDAS LMS.

etc. e alguns outros softwares como LIBSYS, Greenstone, PhPMylibrary, que estão a ser introduzidos atualmente.

O sétimo capítulo trata dos critérios de seleção do software de automatização de bibliotecas. Os seguintes aspectos principais foram tidos em conta na seleção do software: Tecnologia, características e funções, custo, longevidade do fornecedor, serviço e suporte, bem como considerações sobre direitos de autor e licenças.

Os dados foram analisados e apresentados no oitavo capítulo. Neste capítulo, foram analisados os pacotes de software utilizados nas bibliotecas nepalesas (AFW, SOUL, LibInfo, LMS e MIDAS LMS). As opiniões e os comentários dos profissionais e dos peritos também foram tidos em conta no processo de recolha, apresentação e análise dos dados.

Para determinar a força global do software, foi utilizado o método da escala de classificação. [st] Os resultados mostram que o Alice for Windows (AFW) obtém os melhores resultados e está classificado em primeiro lugar.

O nono capítulo destaca alguns dos resultados do estudo e do inquérito, apresentados num resumo conciso, e recomenda algumas áreas para melhoria da profissão, com algumas observações finais.

ABREVIATURAS

AACR-II	[nd]Anglo American Cataloguing Rule-2 edition
AFW	ALICE para Windows
CASO	Serviço de sensibilização atual
CCF	Formato de comunicação comum
CDS/ISIS	
	Base de dados informatizada/sistema integrado de informação
COBOL	Linguagem comum orientada para os negócios
DDC	Classificação decimal de Dewey
DLIS	Departamento de Biblioteconomia e Ciência da Informação
DOS	Sistema operativo do disco rígido
DRTC	Centro de investigação e formação em documentação
General ISIS	Conjunto integrado geral de sistemas de informação
IAN	Rede de acesso à informação
ICIMOD	Centro Internacional para o Desenvolvimento Integrado das Montanhas
IDRC	Centro de Investigação para o Desenvolvimento Internacional
INASP	
	Rede internacional para a disponibilização de dados científicos
	Publicação
ISO	Número internacional padrão
TI	Tecnologia da informação
KUCL	Biblioteca Central da Universidade de Katmandu
KUSMS	Escola de Ciências Médicas da Universidade de Katmandu
KUSOEd	Faculdade de Educação, Universidade de Katmandu
KUSOM	Universidade de Katmandu, Faculdade de Gestão
LAN	Rede local
LIS	Sistema de informação da biblioteca
LMS	Sistema de gestão de bibliotecas
MARC	Catálogo legível por máquina
MEDLARS	Sistema de análise e consulta da literatura médica
PIN	Política nacional de informação

OPAC	Catálogo em linha disponível ao público
OSS	Catálogo de fonte aberta
PERI	O programa para melhorar a informação sobre a investigação
PU	Universidade de Purwanchal
RAM	Memória de acesso aleatório
RDBMS	Sistema de gestão de bases de dados relacionais
RFID	Identificação por radiofrequência
RONAST	Academia Real Nepalesa de Ciência e Tecnologia
SAARC	Associação do Centro de Investigação da Ásia do Sul
SDI	Transmissão selectiva de informações
ALMA	Software para bibliotecas universitárias
SQL	Linguagem de consulta estruturada
TCP/IP	Protocolo de controlo da transmissão/protocolo da Internet
TITI	Instituto de formação de formadores técnicos
TUCL	Biblioteca Central da Universidade de Tribhuvan
UGC	Comité de Bolsas Universitárias
UKMARC	Reino Unido Catálogo legível por máquina
UNESCO	Organização das Nações Unidas para a Educação, a Ciência e a Cultura
WAN	Rede alargada
WECS	Secretariado da água, da energia e da comissão
WWW	World Wide Web

Printed by Books on Demand GmbH, Norderstedt / Germany